Frank W. Haubold

# Abgewrackt

## Wie Deutschland ruiniert wird



edition lacerta

Titelbild: Midjourney
Layout & Umschlaggestaltung: S & L Meerane

ISBN-13: 979-8851523151

**Frank W. Haubold** wurde 1955 in Frankenberg (Sachsen) geboren. Nach dem Abitur studierte er Informatik und Biophysik in Dresden und Berlin. Seit 1989 schreibt er Romane, Erzählungen und Kurzgeschichten unterschiedlicher Genres (Science Fiction, Phantastik, Gegenwart) und gewann mehrere Literaturpreise. Einige seiner Erzählungen wurden übersetzt und erschienen u. a. in Russland, Irland, Italien und den USA. Zuletzt erschienen der Mystery-Thriller *Dämonenstadt* (2020) und der SF-Roman *Imperator* (2022). Seit einigen Jahren engagiert sich der Autor auch politisch durch Artikel und Blogbeiträge für diverse unabhängige Medien.

# Inhaltsverzeichnis

*„Es gibt keine Absurdität, die so handgreiflich wäre, daß man sie nicht allen Menschen fest in den Kopf setzen könnte, wenn man nur schon vor ihrem sechsten Jahre, anfienge, sie ihnen einzuprägen, indem man unablässig und mit feierlichstem Ernst sie ihnen vorsagte."*

*Arthur Schopenhauer*

# Zum Geleit

Über ein Jahr ist seit der letzten Ausgabe meiner Anmerkungen zum Zeitgeschehen („Im Blindflug“, 2022) vergangen, und meine skeptische Vorhersage, was die Zukunft unseres Landes betrifft, wurde durch die Realität noch übertroffen. Inzwischen kann kaum noch ein Zweifel daran bestehen, dass sich Deutschland zum dritten Mal in seiner jüngeren Geschichte auf totalitären Abwegen befindet und angetrieben von ideologischer Borniertheit und moralischer Hybris selbst zugrunde richtet.

Wie ich schon vor der Corona-Krise schrieb, sind der Parteienstaat und seine medialen Hilfstruppen fest entschlossen, Macht, Pfründen und Deutungshoheit mit allen Mitteln zu verteidigen. Dies geschieht inzwischen kaum noch verbrämt unter offener Verletzung demokratischer und rechtsstaatlicher Prinzipien und richtet sich inzwischen nicht mehr nur gegen aktive Kritiker, sondern gegen jeden, der staatliche Verlautbarungen und Maßnahmen, und seien sie noch so fragwürdig und grundgesetzwidrig, hinterfragt.

Die totalitäre Anmaßung der Akteure beschränkt sich dabei längst nicht mehr auf den politmedialen Bereich, sondern greift zunehmend in sämtliche Lebensbereiche bis hin zum Privatleben ein, wobei die bürgerlichen Grundrechte und Freiheiten mehr und mehr eingeschränkt werden. Die Begründungen, sofern überhaupt noch welche gegeben werden, werden dabei immer absurder und entbehren oft jedweder sachlichen Grundlage.

Die Methoden der Umerziehung werden dabei immer bizarrer, als stünden die Akteure in einem Wettbewerb, Orwells „Neusprech“ noch zu überbieten. Das überschreitet immer öfter die Grenzen zur Absurdität, wie die ultimative und durch Gerichtsurteile bestätigte Forderung, sich als weiblich gerierende biologische Männer tatsächlich als Frau zu behandeln und damit die Realität zu verleugnen. Ob Personen, die sich für Napoleon oder ein Eichhörnchen halten, ebenfalls die Unterstützung der Justiz bei der Durchsetzung ihrer Befindlichkeiten genießen, ist nicht bekannt, aber inzwischen durchaus vorstellbar.

Das ehemals für sein Organisationsvermögen bewunderte und gelegentlich auch gefürchtete Land der Erfinder und Ingenieure verwandelt sich dabei mehr und mehr in eine Großraumpsychiatrie, in der die besonders verhaltensauffälligen Patienten die Herrschaft übernommen haben.

Die durchaus totalitär zu nennenden Maßnahmen während der Coronakrise haben ebenso wie die selbstzerstörerische Energie- und Außenpolitik dieser Tage nichts mehr mit rationalem Handeln oder Schadensbegrenzung zu tun, sondern pendeln planlos zwischen Ignoranz, Realitätsverweigerung und blindem Aktionismus.

In einem demokratisch verfassten Gemeinwesen mit strikter Gewaltenteilung könnte die Justiz den rechtlich fragwürdigen und oftmals sogar grundgesetzwidrigen Aktivitäten der Regierenden einen Riegel vorschieben, doch dergleichen kann man hierzulande getrost ausschließen.

So wäre eine unabhängige und vor allem zeitnahe Prüfung der Corona-Zwangsmaßnahmen auf ihre Rechtmäßigkeit Aufgabe des Bundesverfassungsgerichtes gewesen, das in dieser Frage allerdings nicht nur kläglich versagt hat, sondern inzwischen völlig ungeniert als Erfüllungsgehilfe der Politik agiert.

Seit der Ernennung des Merkel-Vertrauten Stephan Harbarth zum Präsidenten des Bundesverfassungsgerichtes sind dessen Entscheidungen stets streng regierungskonform und huldigen darüber hinaus auf juristisch äußerst fragwürdige Weise dem Zeitgeist, wie das skandalöse Grundsatzurteil zum Klimaschutz belegt.

Die Gewaltenteilung als Grundpfeiler eines demokratischen Staatswesens existiert in der Bundesrepublik offenbar nur noch auf dem Papier.

Ähnliches gilt für das Bundesamt für Verfassungsschutz, das ebenfalls personell bereinigt und auf Regierungslinie gebracht wurde und inzwischen wie politisch erwünscht als Repressionsinstrument gegen die Opposition eingesetzt wird. Entlarvend in diesem Zusammenhang ist ein Interview des von Frau Merkel installierten Präsidenten Thomas Haldenwang, in dem er Kritiker der Corona-Maßnahmen als „Staatsfeinde" bezeichnet, eine Diktion, die fatal an die Verlautbarungen des SED-Regimes erinnert.

Die „Neue Zürcher Zeitung“ kommentiert die inzwischen auch im Ausland kritisch wahrgenommene Instrumentierung des Verfassungsschutzes wie folgt: „Da sitzt also Thomas Haldenwang, der Präsident des Bundesamts für Verfassungsschutz, im deutschen Fernsehen und sagt folgenden Satz: ‚Nicht allein der Verfassungsschutz ist dafür zuständig, die Umfragewerte der AfD zu senken.‘ Nicht allein? Das lässt aufhorchen ... Aus dem Satz lässt sich in der Tat ablesen, dass Haldenwang seinen Dienst als politischen Akteur versteht. Dies ist jedoch nicht dessen Aufgabe. Der Verfassungsschutz soll Informationen sammeln und auswerten, mehr nicht.“ Und kommt schließlich zu dem Fazit: „Ein politisierter Verfassungsschutz schützt nicht die Verfassung, er wird im schlimmsten Fall selbst zur Bedrohung.“ (!)

Die Drangsalierung und Entrechtung der Bürger unter dem Deckmantel der Pandemie-Bekämpfung war jedoch nur ein Vorgeschmack darauf, was sie im Rahmen aktueller und künftiger Klimarettungs-, Migrations-, Antirassismus- und Diversitätskampagnen zu erwarten haben. Widerstand wird nicht geduldet, dafür geben die Gewaltexzesse der von einem ehemaligen SED-Funktionär geführten Berliner Polizei gegen friedliche Demonstranten, das rechtlich fragwürdige Vorgehen gegen kritische Richter in Thüringen und die mit martialischem Aufwand zelebrierten öffentlichen Verhaftungen angeblich Terrorverdächtiger bereits die Richtung vor.

Wie in finstersten Zeiten schüren Politik und Medien inzwischen ungehemmt Hass – Hass gegen „Rechte“, Hass gegen „Klimaleugner“, Hass gegen „Querdenker“ und „Coronaleugner“, Hass gegen Ungeimpfte und brandaktuell Hass gegen Russland und „Putinversteher“. „Wer nicht für uns ist, ist gegen uns“, die alte Losung totalitärer Regime, feiert in der Bundesrepublik Deutschland dieser Tage fröhliche oder vielmehr traurige Auferstehung ebenso wie eine Kriegsrhetorik gegen Russland, die angesichts der Verheerungen des zweiten Weltkrieges bis vor kurzem undenkbar schien.

Ein Gemeinwesen, dessen Politik auf Hass gegen wen auch immer und Selbstüberhöhung beruht, hat keine Zukunft. Und anders als in den Vorgängerbänden kann ich freiheitlich denkenden Menschen nicht mehr nur empfehlen, ihre Pässe rechtzeitig erneuern und Fremdsprachen zu lernen. Nein, denn inzwischen ist es bereits fünf nach zwölf. Wer weggehen kann, sollte es bald tun. Denn es wird keine Wende zum Besseren geben in einem Land, in dem eine manipulierte Mehrheit wie 1914 und 1933 erneut eine poltmedialen Clique auf dem Weg ins Verderben folgt.

Die Einschläge kommen näher, nicht nur im übertragenen Sinne im Hinblick auf die zunehmende Kriminalität auf den Straßen, sondern im schlimmsten Fall auch bald im Wortsinn. Ein Land, das mit einer Außenministerin geschlagen ist, die *en passant* in einer Rede Russland den Krieg erklärt, macht sich selbst zur Zielscheibe…

*17. Mai 2022*

# Ungarn und die Regierung Orbán: Propaganda und Realität

Informationen über ein verleumdetes Land, dem Deutschland viel zu verdanken hat

Wirtschaft und Arbeitsmarkt:

Durch die liberalen wirtschaftsfreundlichen Maßnahmen der Regierung Orbán seit der Regierungsübernahme 2010 (unter anderem eine Flat Tax von 15 Prozent bei der Einkommenssteuer und eine Körperschaftssteuer von nur 9 Prozent) erhöhte sich die Anzahl der aktiven Steuerzahler von 1,8 Millionen (2010) auf 4,5 Millionen im Jahr 2020. Das Bruttoinlandprodukt (BIP) pro Kopf stieg von 13.000 Dollar (2010) auf 19.000 Dollar (2021).

Gleichzeitig sank die Arbeitslosigkeit von 10,8 Prozent (2010) auf 4,1 Prozent (2021). Die Anzahl der von Armut oder sozialer Ausgrenzung betroffenen Personen sank von 29,9 Prozent (2010) auf 17,8 Prozent (2020).

Während die Reallöhne noch 2010 um 5 Prozent gegenüber dem Vorjahr sanken, stiegen sie insbesondere seit 2016 deutlich im Bereich von etwa 4 Prozent jährlich. In der Bundesrepublik Deutschland kippte der Reallohnindex dagegen nach Werten um 1 Prozent in den Vorjahren 2021 in den Negativbereich (-1,4 Prozent).

Familienförderung:

In Ungarn kann jede Frau, die schwanger wird und bestimmte Bedingungen erfüllt (verheiratet, mindestens drei Jahre versicherungspflichtig, unter 41 Jahre), einen sogenannten „Babyerwartungskredit“ in Höhe von maximal 10.000.000 Forint erhalten, das sind etwa 26.300 Euro. Dieser Kredit ist zinslos. Hat die Familie drei Kinder, entfällt die Rückzahlungsverpflichtung. Berücksichtigt man das vergleichsweise niedrige Lohnniveau (ca. 1170 Euro brutto im Monat) sind das mehr als 22 durchschnittliche Monatsgehälter!

Mütter haben nach jeder Geburt zwei Jahre lang Anspruch auf 70% vom Durchschnittslohn (brutto) in Höhe von ca. 280.000 Forint (740 Euro), im dritten Jahr entsprechend weniger. Studentinnen erhalten zwei Jahre lang 70 Prozent des Mindestlohns (180.000 Forint).

Dazu bleiben Arbeitseinkommen bei Familien mit Kindern bis zur Bemessungsgrenze (derzeit 800.000 Forint monatlich) steuerfrei. Jede Frau, die mindestens vier Kinder geboren hat, ist lebenslang von der Einkommensteuer befreit.

Familien mit drei und mehr Kindern erhalten auch einen Zuschuss von maximal 2.500.000 Forint (ca. 6600 EUR) beim Kauf einen Siebensitzer-Fahrzeugs, der nicht mehr als 50 Prozent des Kaufpreises ausmachen darf (Gebrauchtfahrzeuge sind ebenfalls förderfähig). Dieses Fahrzeug muss dann mindestens drei Jahre genutzt werden.

Wohnungsbauförderung:

Plant eine ungarische Familie einen Hausneubau, erhält sie bis zu 10.000.000 Forint (abhängig von der Kinderzahl) vom Staat als Geschenk! In bestimmten Dörfern, für die es eine Liste gibt, wird dieser Zuschuss auch für den Erwerb von Altbauten gewährt. Dazu kann ein Kredit von bis zu 15.000.000 Forint (39.500 Euro) mit einem Festzinssatz von 3 Prozent beantragt werden.

Für Renovierungen kann ein Kredit von 6.000.000 Forint (15.800 Euro) in Anspruch genommen werden. Die Hälfte davon (maximal 3.000.000 Forint) muss nicht zurückgezahlt werden.

Für Energiesparhäuser kann ein Kredit von bis zu 70.000.000 Forint (184.000 Euro) zu einem Zinssatz von 2,5 Prozent in Anspruch genommen werden (Green-Kredit), sofern die energetische Einstufung BB erreicht wird (<90 kWh pro Quadratmeter und Jahr).

Öffentliche Beschäftigung in Ungarn:

Das System der „öffentliche Beschäftigung“, auch als öffentliches Arbeitsprogramm oder öffentliche Arbeit bekannt, ist ein wohlorganisiertes besonderes Beschäftigungsprogramm in Ungarn, das darauf abzielt, Arbeitsuchenden, die aus irgendeinem Grund vom Arbeitsmarkt ausgeschlossen wurden, zu helfen, erfolgreich in den ersten Arbeitsmarkt einzusteigen oder dorthin zurückzukehren.

Anders als in Deutschland, wo inzwischen 3,5 Millionen Personen ALG II (Hartz IV) beziehen, hat man in Ungarn ein Interesse daran, dass gesunde und arbeitsfähige Menschen auch dann einer Arbeit nachgehen können, wenn auf dem ersten Arbeitsmarkt aktuell keine Nachfrage besteht.

Deswegen wurde das System „öffentliche Beschäftigung“ stark ausgebaut und 2011 auf eine solide gesetzliche Basis gestellt. Die Frist für den Bezug von Arbeitslosengeld wurde auf 90 Tage abgesenkt (maximal 200.0000 Forint monatlich). Die Vergütung der „öffentlichen Arbeit“ liegt bei maximal 122.000 Forint monatlich (320 Euro). Wird dieses Angebot nicht angenommen, kann bei der zuständigen Kommune Sozialhilfe beantragt werden, die aber nur 23.000 Forint (60 Euro) beträgt (bei gesundheitlichen Einschränkungen 47.000 Forint).

In den deutschsprachigen Medien wurde dieses pragmatische System natürlich sofort als „Zwangsarbeit“ denunziert und man halluzinierte sogar von „Arbeitslagern für Roma“, die bis heute nur in den ideologieverklebten Hirnen hiesiger Propagandisten existieren.

Dabei würde ein ähnlich strukturiertes System in der Bundesrepublik gleich zwei Probleme lösen, nämlich erstens die hierzulande stetig zunehmende Zahl von generell Arbeitsunwilligen minimieren und zweitens den Migrationsdruck verringern, da für Wirtschaftsflüchtlinge keine

Aussicht mehr bestünde, ohne Arbeit bequem und besser als zu Hause zu leben.

Auch diesbezüglich hat das ungarische System den gewünschten Erfolg. Im Jahr 2020 gab es im ganzen Land exakt 84 Anträge auf Asyl…

Pressefreiheit und Medienvielfalt:

Glaubt man den Verlautbarungen bundesdeutscher Medien und den Behauptungen einschlägiger NGOs, deren Tenor von der Sponsorenliste bestimmt wird, dann bestimmen in Ungarn ausschließlich regierungsnahe Medien die öffentliche Wahrnehmung. So behauptete das für seine Unabhängigkeit und Überparteilichkeit bekannte ZDF kühn: „Das System Orbán hat auch die Medienlandschaft fest im Griff."

Mit den Fakten haben solche Tatarenmeldungen allerdings wenig zu tun. So ist die RTL-Gruppe, die mit ihrer linksliberalen Linie den Regierungen von Viktor Orbán weitgehend feindselig gegenübersteht, mit einem durchschnittlichen Zuschaueranteil von 27,5 Prozent im Jahr 2019 die größte Fernsehgruppe in Ungarn. Von acht großen Internetportalen sind sieben regierungskritisch und mit „HVG" ist die größte ungarische Wochenzeitung ebenfalls oppositionell.

Nach einer Analyse des Nézöpont-Instituts erreichen regierungskritische Medien maximal 4,4 Millionen Menschen, während regierungsnahe Medien nur eine Reichweite von 3,1 Millionen Menschen haben.

Dass die von Orbáns Erzfeind George Soros gesponserte NGO „Mérték“ zu anderen Ergebnissen kommt, ist zweifellos der unterschiedlichen Interessenlage geschuldet.

Es grenzt allerdings schon an Realsatire, wenn sich ausgerechnet die Bundesrepublik Deutschland, in der es weder eine oppositionelle Tageszeitung, noch einen oppositionellen Fernsehkanal gibt, über die angeblich mangelnde Medienvielfalt in Ungarn echauffiert.

Migrationspolitik:

Anders als die Bundesrepublik Deutschland, deren Grenzen Bundeskanzlerin Merkel 2015 in einem beispiellosen Vorgang der Selbstermächtigung und Demokratieverachtung für jedermann öffnete, sah und sieht sich die Regierung in Ungarn in der Pflicht, die Außengrenzen der Europäischen Gemeinschaft und das eigene Gemeinwesen vor illegaler Einwanderung zu schützen.

Um die durch Merkels Alleingang mitverursachte Zuwanderungswelle einzudämmen, errichtete Ungarn für etwa 900 Millionen Euro (andere Schätzungen gehen von bis zu 1,5 Milliarden Euro aus) einen Grenzzaun zu Serbien und Kroatien.

Nach Fertigstellung des ungarischen Grenzzauns zu Kroatien und Schließung der Grenze am 17. Oktober 2015 sank binnen 24 Stunden die Anzahl der illegalen Einwanderer von mehreren tausend auf wenige Dutzend pro Tag und fiel im weiteren Jahresverlauf auf zumeist einstellige Werte.

Trotz der eindeutigen Vorgaben im Schengen-Abkommen zum Schutz der EU-Außengrenzen lehnte die EU-Kommission (ein Gremium mit durchaus fragwürdiger demokratischer Legitimation) die von der Orbán-Regierung geforderte Kostenbeteiligung von 50 Prozent ab. „Die Europäische Union finanziert nicht den Bau eines Zauns oder einer Sperre an den Außengrenzen", wiederholte ein Kommissionssprecher am Freitag laut „Tiroler Tageszeitung" ein ähnliches Statement vom Vortag. Eine Rechtsgrundlage für die Willkürentscheidung wurde nicht angegeben.

Wegen seiner rationalen Asylpolitik, die anders als hierzulande zwischen tatsächlich Verfolgten und Wirtschaftsflüchtlingen unterscheidet, wird Ungarn insbesondere seit 2015 von der EU mitsamt angeschlossenem „Gerichtshof" und einschlägig vernetzten NGOs und Medien angefeindet. Dabei sind Ungarns Positionen im Hinblick auf die Einreise aus sicheren Herkunftsstaaten (wie Serbien) durchaus nachvollziehbar und decken sich mit denen des inzwischen weitgehend außer Kraft gesetzten bundesdeutschen Asylrechts (z. B. Art. 16a GG).

Gegenwärtig wird Ungarn von den einschlägigen bundesdeutschen Propagandisten sogar dafür angegriffen, dass es großzügig Flüchtlinge aus der Ukraine aufnimmt und unterstützt (inzwischen immerhin mehr als 600.000), dies wäre eine rassistisch motivierte Ungleichbehandlung. Dabei unterschlägt man bewusst die naheliegende Erklärung, dass es sich bei den Ukrainern um tatsächliche Kriegsflüchtlinge handelt, die zudem nicht erst durch ein halbes Dutzend sicherer Staaten gezogen sind, um in die EU zu gelangen. Aber Fakten spielen ohnehin nur eine untergeordnete Rolle, wenn es darum geht, eine Regierung zu diffamieren, die die Interessen der eigenen Bevölkerung vertritt, was hierzulande bereits als „populistisch“, „nationalistisch“ oder gar „rechtsextrem“ gilt.

Fazit:

Betrachtet man die Maßnahmen der liberalkonservativen Regierungen unter Ministerpräsident Viktor Orbán seit 2010 ohne ideologische Scheuklappen, wird rasch deutlich, dass sie nicht nur wirtschaftlich zur Gesundung des Landes beigetragen haben, sondern auf sämtlichen relevanten Gebieten vom Arbeitsmarkt, über die Familienpolitik bis zum Wohnungsbau zu einer signifikanten Verbesserung der Situation der Bevölkerung geführt haben. Diese Politik wird von den ungarischen Wählern honoriert, die auch in diesem Jahr Viktor Orbáns Fidesz-Partei die absolute Mehrheit im Parlament beschert haben.

Dass dies weder den unterlegenen Sozialisten, noch der machthungrigen EU-Nomenklatura gefällt, von den Laufburschen des umtriebigen US-Spekulanten George Soros ganz zu schweigen, ist ausschließlich ideologisch begründet, und hat nicht etwa mit tatsächlichen Demokratiedefiziten in Ungarn zu tun, wie sie von EU-Apparatschiks von Schlage Frans Timmermans und ihren medialen Hilfstruppen unterstellt werden.

Dass bundesdeutsche Politiker und Propagandisten (mit Journalismus haben die entsprechenden Medienkampagnen nichts zu tun) hierbei eine besonders widerwärtige Rolle spielen, hat meines Erachtens auch historische Gründe, denn kein anderes Land hat die deutsche Wiedervereinigung so nachhaltig befördert wie das kleine, tapfere und freiheitsliebende Ungarn. Diese Wiedervereinigung wird vom durch die sogenannten „68er“ geprägten westdeutschen „progressiven“ Milieu nach wie vor als äußerst schmerzhafte Niederlage empfunden, daher der Hass auf Ungarn und dessen an den Interessen der eigenen Bevölkerung ausgerichteten Politik.

Der Mitbegründer der Ost-SPD Gunter Weißgerber spricht mir aus der Seele, wenn er in der „Budapester Zeitung“ schreibt: „Mir als Ostdeutschem treibt es die Schamröte ins Gesicht, wenn ich fast täglich miterleben muss, wie oftmals historisch eher ungebildet erscheinende deutsche Europa- und Landespolitiker über Ungarn und Polen herfallen … Ich bin sehr zornig über die Behandlung, die den Ungarn gerade von deutschen Politikern verschrieben wird. Weil ich weiß, wem ich meine Freiheit zu verdanken habe.

Im Zweifel weiß ich auch, wer uns besser beschützen würde: die Ungarn.“

Dem ist nichts hinzuzufügen.

*5. Juli 2022*

## Inflation und Energiekrise sind die Folgen einer desaströsen Politik

### Selbst Frösche handeln klüger als der bundesdeutsche Wähler

Eine insbesondere auf Management-Seminaren gern kolportierte Mär lautet, dass Frösche ruhig im Wasser sitzen bleiben, wenn man es nur langsam genug zum Kochen bringt. Die Vortragenden verweisen dann auf ähnliche Verhaltensweisen bei Menschen, die ebenfalls kaum reagieren würden, wenn sich ihre Lebensumstände nur allmählich verschlechtern. Dennoch ist die Eingangsbehauptung ist falsch, denn Frösche verlassen das erhitzte Wasser nach Aussage von Biologen durchaus, sobald es unangenehm heiß wird. Wie es sich diesbezüglich beim Homo bundesrepublicanus verhält, soll im Weiteren beleuchtet werden.

„Inflationsrate sinkt überraschend", jubelt die Tagesschau unter Verweis auf Experten, die für den Juni 2022 eher 8 Prozent erwartetet hatten als die nunmehr geschätzten 7,6 Prozent. Ein Grund zur Entwarnung oder gar für Optimismus ist das jedoch allenfalls für Medienschaffende, die sich berufsbedingt die Verharmlosung und Verschleierung unerfreulicher Tatbestände auf die Fahne geschrieben haben.

Etwas nüchterner fällt die entsprechende Pressemitteilung des Statistischen Bundesamtes aus, in der gleichzeitig auch mitgeteilt wird, dass der EU-weit erfasste und besser vergleichbare „harmonisierte Verbraucherpreisindex“ im Juni gegenüber dem Vorjahresmonat um +8,2 Prozent gestiegen ist.

Um den Index bewerten zu können, empfiehlt es sich, ihn nach Bereichen aufzuschlüsseln, so zum Beispiel nach Waren (46,8%), Dienstleistungen (53,2%) und darunter Mieten (20,7%). Dabei wird deutlich, dass die Preise im Bereich Waren im Juni im Vergleich zum Vorjahr um satte 14 Prozent gestiegen sind, während die Steigerung im Dienstleistungsbereich mit +2,1 Prozent vergleichsweise moderat ausfällt.

Stärkster Preistreiber ist erwartungsgemäß die Energie (Haushaltenergie und Kraftstoffe) mit +38 Prozent, gefolgt von den Nahrungsmitteln mit +12,7 Prozent.

Natürlich kann sich auch das Statistische Bundesamt den Verweis auf den Ukrainekrieg als Ursache der Teuerung nicht verkneifen, der medial nirgendwo fehlen darf, obwohl ein kausaler Zusammenhang zum Beispiel durch ausbleibende Lieferungen aus der Region kaum belegbar ist. Außerdem ist „kriegsbedingt“ keineswegs mit „sanktionsbedingt“ gleichzusetzen, denn Sanktionen sind politisch gewollt und keineswegs eine unmittelbare Kriegsfolge.

Genese und Wirksamkeit besagter Sanktionen

sind jedoch nicht das Thema dieses Beitrags, der vor allem aufzeigen soll, was die oben genannte Inflationsrate für die Bundesbürger und ihre Sparguthaben praktisch bedeutet.

Wer selbst einkaufen geht und auf die Preise achtet, wird sehr schnell feststellen, dass insbesondere die Preise für Fleisch- und Wurstwaren und die für Milchprodukte wie Butter oder Käse exorbitant und weit über die oben festgestellten 12,7% hinaus gestiegen sind. Das hat dramatische Auswirkungen gerade für die Bezieher niedriger Einkommen, bei denen die Lebensmittelkosten den Löwenanteil der monatlichen Ausgaben ausmachen. Wohlfeile Spartipps von Politikern mit fünfstelligen Monatsgehältern muten in diesem Zusammenhang wie Zynismus an.

Ein wesentlicher Aspekt der steigenden Inflationsrate findet in der öffentlichen Debatte jedoch kaum Berücksichtigung, nämlich der dramatische Geldwertverfall und die damit verbundene Enteignung der bundesdeutschen Sparer.

Das Barvermögen (Bargeld und Einlagen) der Deutschen betrug Ende 2021 3,004 Billionen Euro. Legt man diesen Wert zugrunde und multipliziert ihn mit der durchschnittlichen Preissteigerungsrate Januar bis Juni 2022 (6,7%), dann haben die bundesdeutschen Sparer allein im ersten Halbjahr 100,5 Milliarden Euro verloren, ein Verlust, der im Gesamtjahr 2022 etwa 210 Milliarden Euro betragen dürfte. Dies sind jedoch nur die privaten Sparkonten. Zählt man die Lebens-

und Rentenversicherungen mit noch einmal 2,574 Billionen Euro hinzu, beträgt der absehbare Gesamtverlust rund 390 Milliarden Euro an Kaufkraft. Zwar hat der Sparer nach wie vor die gleiche Summe auf seinem Konto, aber schon, wenn er nur einen Gebrauchtwagen davon kaufen möchte, wird er rasch feststellen, wie wenig sein sauer erspartes Geld inzwischen noch wert ist.

An diesem Kaufkraftverlust ist nicht etwa Putin oder „der Russe" schuld, wie uns Politik und Medien suggerieren, sondern in erster Linie die enorme Geldmengenausweitung der EZB durch die sogenannte „Nullzinspolitik", die einzig den Sinn hatte und hat, die überschuldeten Südländer vor dem Staatsbankrott beziehungsweise dem Ausscheiden aus der Euro-Zone zu bewahren.

Betrug die Geldmenge M3 Ende 2010 noch 9,3 Billionen Euro, so stieg sie bis zum Dezember 2021 auf 15,48 Billionen, also um 66,5 Prozent. Dagegen stieg das Bruttoinlandsprodukt (BIP) der Eurozone von 9,53 Billionen Euro (2010) im gleichen Zeitraum nur auf 12,26 Billionen Euro (2021). Das heißt, für 3,22 Billionen Euro besteht keine Güterabdeckung! Das ist der eigentliche Inflationsmotor, denn die EZB hat einfach Geld gedruckt, für das kein Gegenwert vorhanden ist.

Der Ukrainekrieg ist nur das Feigenblatt, hinter dem sich die tatsächlich Schuldigen (EZB und die nationalen Regierungen der Eurozone) verstecken. Im Klartext heißt das: Die EZB enteignet in Kumpanei mit der Bundesregierung die deutschen Sparer und Versicherten allein in diesem Jahr um rund 400 Milliarden Euro an verlorener Kaufkraft, ohne dass Politik und Qualitätsmedien diesen Skandal thematisieren. Das brauchen sie auch nicht, denn obwohl die Zeichen an der Wand überdeutlich sind, sonnt sich der durchschnittliche Bundesbürger weiterhin in der eigenen Hochmoral, erfreut sich an seinem schönen Guthaben auf seinem Sparbuch und kürt ausgerechnet Herr Habeck – also jene Person, deren Politik aktuell den größten Schaden für Deutschland anrichtet – zum beliebtesten Politiker Deutschlands.

Dabei ist die Energiekrise, die dieses Gemeinwesen nicht nur durch massive Preissteigerungen, sondern auch durch absehbare Mangelerscheinungen in Mitleidenschaft zieht, durchaus hausgemacht. Wer wie die Grünen-Führung glaubt, ein Industrieland wie die Bundesrepublik ausschließlich mit erneuerbaren Energien versorgen zu können, hat nicht nur nicht im Physikunterricht gefehlt, sondern leidet auch sonst an ideologiebedingtem Realitätsverlust. Wenn sich Herr Habeck zudem als Wirtschaftsminister trotz der drohenden Energieengpässe einer Laufzeitverlängerung für die verbliebenen Atomkraftwerke verweigert, bricht er bewusst seinen Amtseid, Schaden vom deutschen Volk abzuwenden, und sollte angesichts der drohenden Konsequenzen umgehend aus dem Amt entlassen werden.

Natürlich wird das ein frommer Wunsch bleiben, denn wenn eine desaströse Amtsführung oder gar fachliche Unfähigkeit tatsächlich zu personellen Konsequenzen führen würden, wäre die Ampelkoalition längst am Ende. Dass es ohne den in vorauseilenden Gehorsam gegenüber den USA verfügten Verzicht auf Nord Stream 2 gar keine Energiekrise gäben würde, sei nur am Rande angemerkt.

Es wäre Aufgabe einer kritischen Presse und des mündigen Bürgers, diese Missstände offenzulegen und Konsequenzen einzufordern, nur wird beides hierzulande nicht erst seit heute schmerzlich vermisst.

Nein, Frösche sind weder blöd noch selbstmörderisch. Sie springen aus dem Topf, wenn das Wasser zu heiß wird. Beim Gros meiner Landsleute habe ich mittlerweile leider den gegenteiligen Eindruck…

*11. Juli 2022*

## Zuwandererkriminalität weiterhin auf hohem Niveau

Mehr als 40.000 Deutsche wurden 2021 Opfer von Gewaltstraftaten

Medial weitgehend unbeachtet erschien dieser Tage das BKA-Bundeslagebild „Kriminalität im Kontext von Zuwanderung“ für das Jahr 2021.

Die gute Nachricht ist, dass die Zahl der tatverdächtigen Zuwanderer gegenüber dem Vorjahr von 136.588 auf 127.489 gesunken ist (-6,7%). Hier ist allerdings von einer erheblichen Dunkelziffer auszugehen, da die Statistik nur die aufgeklärten Fälle enthält, bei denen ein oder mehrere Tatverdächtige ermittelt wurde.

Die weniger gute Nachricht ist, dass dies immerhin 7,1 Prozent aller Tatverdächtigen sind, während der Bevölkerungsanteil der entsprechenden Klientel je nach Quelle zwischen 2,2 und 2,3 Prozent liegt. In diesem Bereich herrscht im Übrigen eine erhebliche Zahlen- und Begriffsverwirrung, denn während das BKA von „Zuwanderern“ spricht, hat sich die Politik für den wohlklingenderen Terminus „Schutzsuchende“ entschieden.

Auch die Zahlen differieren, denn die Bundesregierung geht in einer offiziellen Verlautbarung von etwa 1,84 Millionen Schutzsuchenden aus, während das Statistische Bundesamt 1,93 Millionen ausweist.

Interessant ist das krasse Missverhältnis zwischen tatsächlich Asylberechtigten gemäß Art. 16a GG (43.684) und der oben genannten Gesamtzahl, die sich überwiegend aus einer hohen Zahl von anerkannten Flüchtlingen und subsidiär Schutzberechtigten ergibt.

Noch einmal überproportional ist der Anteil tatverdächtiger Zuwanderer in den Bereichen Straftaten gegen das Leben (12,8 Prozent aller Tatverdächtigen), Vermögens- und Fälschungsdelikte (9,6%), Diebstahl (9,1%), Rohheitsdelikte (8,4%) und Straftaten gegen die sexuelle Selbstbestimmung (7,6%).

Auf die Herkunftsländer der Tatverdächtigen bezogen ergibt sich auch 2021 das gewohnte Bild: Während bei den zuwanderungsstärksten Ländern (Syrien, Afghanistan, Irak) der Tatverdächtigenanteil geringer ist als der Zuwandereranteil, wurde bei den Maghreb-Staaten (Algerien, Marokko, Tunesien) sowie anderen afrikanischen Herkunftsländern (Somalia, Gambia, Nigeria, Guinea) eine weit überproportionale Zahl von Tatverdächtigen registriert. Auch Georgien fällt in dieser Beziehung schon seit Jahren unrühmlich auf, ohne dass die Politik die notwendigen Konsequenzen zieht. Zwar hatte der Bundestag Georgien und die Maghreb-Staaten mit Mehrheit zu „sicheren Herkunftsländern“ erklärt, aber die grünen Paten importierter Krimineller (anders kann man das ideologisch motivierte Verhalten der Bündnisgrünen nun einmal nicht deuten) verhinderten inzwischen schon wiederholten Mal im Bundesrat die Umsetzung.

Während die Mehrzahl der mutmaßlich von Zuwanderern verübten Delikte leicht rückläufig ist, fällt im Bereich der Straftaten gegen die sexuelle Selbstbestimmung eine deutliche Steigerung von 20,8 Prozent auf (von 5.719 auf 6.906). Auch die Zahl der registrierten Tatverdächtigen in diesem Bereich stieg um 20 Prozent (von 5.185 auf 6.224). Eine konkrete Aufschlüsselung auf einzelne Delikte (z. B. Vergewaltigung) findet sich im Bundeslagebild nicht.

Im Bereich der Täter-Opfer-Beziehung bot sich auch 2021 das inzwischen leider schon gewohnte Bild, wonach deutsche Staatsbürger weitaus häufiger Opfer von Gewaltstraftaten von Zuwanderern werden als umgekehrt. Zitat: „Unter den insgesamt 83.426 Opfern von Straftaten mit tatverdächtigen Zuwanderern/Zuwanderinnen befanden sich 40.593 Deutsche und damit 3,3 % weniger als im Vorjahr (2020: 41.974). Der Anteil der deutschen Opfer lag somit bei 48,7 % (2020: 47,2 %).“ Umgekehrt wurden 11.107 Zuwanderer Opfer einer Straftat mit mindestens einem deutschen Tatverdächtigen.

Durchaus dramatisch stellt sich diesbezüglich die Entwicklung im Bereich der Straftaten gegen das Leben dar. Hier fielen 140 Deutsche entsprechenden Delikten zum Opfer (2020: 103), was einer Steigerung von 35,9 Prozent entspricht. Davon wurden 18 Personen Opfer einer vollendeten Tat (2020: 12). Umgekehrt wurden 42 Zuwanderer Opfer von Taten, an denen mindestens ein Deutscher beteiligt war (2020: 46). Davon wurden drei Personen Opfer einer vollendeten Tat (2020: 6).

Bei den Straftaten gegen die sexuelle Selbstbestimmung wurden 2.496 Deutsche Opfer einer Tat mit mindestens einem/einer tatverdächtigen Zuwanderer/Zuwanderin (2020: 2.543). Umgekehrt wurden 120 Zuwanderer Opfer einer entsprechenden Straftat mit mindestens einem tatverdächtigen Deutschen. Das entspricht einem Verhältnis von 20,8 zu 1!

Fazit: Dass die seit 2015 politmedial verbreitete Behauptung „Flüchtlinge nicht krimineller als Deutsche“ ins Reich der Propagandamärchen zu verweisen ist, wird heute kaum noch bestritten. Mehr als nur bedenklich ist jedoch der Umstand, dass trotz bekannter Schwerpunkte (Herkunftsländer, Deliktgruppen) politisch wenig bis nichts unternommen wird, um die eigenen Bürger vor Zuwandererkriminalität zu schützen. Das betrifft sowohl den seit 2015 im Grunde nicht vorhandenen Schutz der Staatsgrenzen, die Einstufung zu sicheren Herkunftsländern als auch die Abschiebung von Straftätern, die hierzulande eher die Ausnahme als die Regel ist.

Den Preis für das oftmals auch ideologisch motivierte Versagen von Politik und Behörden bezahlen die gesetzestreuen Bürger, Deutsche wie Migranten, die Jahr für Jahr Opfer von Zuwanderern verübten Gewaltstraftaten werden.

*24. August 2022*

## Explodierende Gaspreise: Die Krise ist hausgemacht

### Wie politisch motivierte Entscheidungen Wirtschaft und Wohlstand ruinieren

Großspurig verkündete Bundeswirtschaftsminister Habeck bereits im April dieses Jahres, es sei gelungen, den Anteil von russischem Erdgas am bundesdeutschen Gesamtaufkommen auf 35 Prozent zu verringern. Bis Ende 2022 solle er nur noch 30 Prozent betragen und 2024 gar nur noch 10 Prozent.

Was aus politmedialer Sicht wie eine gute Nachricht klingt, nämlich eine Verringerung der Abhängigkeit vom russischen Staatskonzern Gazprom, entpuppt sich bei näherer Betrachtung als Hiobsbotschaft für Wirtschaft und Verbraucher. Denn der Gasbedarf sinkt trotz aller Maßhalteappelle der Politik hierzulande allenfalls marginal, weshalb der heute und zukünftig reduzierte Anteil russischen Erdgases durch Lieferungen anderer Anbieter ersetzt werden muss.

Dies geschieht nach dem Willen der Politik in erster Linie durch den Ankauf verflüssigten Erdgases (LNG) vornehmlich aus den USA, was im Übrigen einer der Hauptgründe für die letztlich erfolgreiche US-Kampagne gegen Nordstream 2 war.

Um dieses Flüssiggas wie um den verfügbaren

Rohstoff überhaupt tobt nun ein harter Preiskampf, der in erster Linie für den rasanten Anstieg der Gaspreise auf dem Weltmarkt verantwortlich ist. Die „Berliner Zeitung“ schreibt dazu: „Der Ankauf von US-amerikanischem Flüssiggas (LNG) ist extrem teuer für die europäischen Endkunden und wirft zugleich sagenhafte Profite für die Lieferanten ab.“ und zitiert das Wirtschaftsmagazin „Fortune“ dahingehend, dass die Europäische Union gewillt sei, „jeden Preis“ zu zahlen. Europa sei bereit, „die Heizkosten für alle Bürger weiter in die Höhe zu treiben, um die Versorgung mit Erdgas für den kommenden Winter zu sichern“.

Das Blatt zitiert weiter den französisch-britischen Investmentbanker und Energieexperten Laurent Segalen, der gegenüber dem Business Insider (BI) angab, Unternehmen würden in den USA ein großes Schiff füllen und es für rund 60 Millionen Dollar (etwa 59 Millionen Euro) über den Atlantik schicken, wobei die Ladung dann in Europa rund 275 Millionen Dollar (knapp 270 Millionen Euro) einbringen würde.

Falls sich also der Bürger die Frage stellt, weshalb sich seine Heizungskosten demnächst vervielfachen, sind die satten Profite US-amerikanischer Unternehmen durch den politisch motivierten Ersatz russischer Erdgaslieferungen durch überteuertes US-Flüssiggas ein durchaus relevanter Teil der Antwort. Zitat: „Diese Gewinne werden den US-Unternehmen von den deutschen Konsumenten unter anderem mit der vom Bundeswirtschaftsminister verordneten Gasumlage gezahlt. Zugleich wurden und werden die Gasrechnungen für Privatpersonen und Unternehmen laufend erhöht."

Aber wie kamen die Bundesrepublik und andere EU-Staaten überhaupt erst in dieses Dilemma? Eine politmedial oft und gern wiederholte These lautet: Russland liefere aus politischen Gründen zu wenig Erdgas und treibe die Preise in die Höhe. Versucht man allerdings, den Wahrheitsgehalt solcher Behauptungen zu hinterfragen, stößt man wie die Redaktion des Schweizer Portals „Infosperber" bei ihren Recherchen auf eine Mauer des Schweigens.

Die Redaktion fragte bei den großen Importeuren Uniper und RWE entsprechend nach und erhielt ebenso wenig eine Antwort wie vom Verband der Schweizer Gasindustrie und dem Schweizer Bundesamt für Energie. Der SRF, der zuvor verbreitet hatte, Gazprom liefere Deutschland weniger Gas als vertraglich vereinbart, musste auf Nachfrage zurückrudern. Zitat: „Diese Aussage hätten wir in dieser Absolutheit so nicht machen sollen. Da die Lieferverträge nicht offengelegt werden, sind auch die Mindestliefermengen nicht bekannt."

Wahrscheinlich ist jedoch, dass bestimmte Importeure wie die RWE in vorauseilendem Gehorsam gegenüber der Politik bewusst ihr Vertragsvolumen reduziert haben. Zitat RWE-Sprecherin:

„Zu Beginn des Krieges hatten wir insgesamt 15 Terawattstunden bis 2023 unter Vertrag. Jetzt haben wir unser finanzielles Engagement auf weniger als 4 Terawattstunden reduziert.“

Obwohl das vereinbarte Vertragsvolumen offenbar nicht einmal der Bundesregierung bekannt ist, wird mit Behauptungen Stimmung gemacht, die sich nicht verifizieren lassen und die sich irreführenderweise auf die mögliche Maximalauslastung der Pipelines beziehen. „Infosperber“ hierzu: „Kaum ein Medium stellte die Frage, ob denn Gazprom vertraglich tatsächlich verpflichtet ist, die maximal mögliche Menge an Erdgas an westliche Abnehmer zu verkaufen. Das ist nicht der Fall.“ Der schon seit dem Vorjahr erhobene Vorwurf, Gazprom bediene den gestiegenen Bedarf im Europa nicht, ist angesichts der von der EU forcierten Abkehr von langfristigen Lieferverträgen zum Einkauf über Börsen beinahe naiv zu nennen, da eine Mehrangebot seitens Gazprom an den Börsen zum Preisverfall führt.

Ob und in welchem Umfang die zeitweilige Drosselung des Durchsatzes von Nordstream 1 tatsächlich durch eine bis heute nicht gelieferte Turbine beziehungsweise Überholungsbedarf an anderen verursacht wurde, lässt sich aus der Ferne nicht beurteilen. Es ist durchaus denkbar, dass Gazprom und damit Russland die Gelegenheit genutzt haben, um den westlichen Sanktionswirrwarr ad absurdum zu führen, der eine direkte Rücklieferung der Turbine nach Russland verhinderte. Die Engpässe wären aber gegenstandslos, wenn die Bundesrepublik das Milliardenprojekt Nordstream 2 nicht auf Anweisung der USA gestoppt hätte.

Wie es um die Souveränität der Bundesrepublik nicht nur in dieser Frage steht, wurde auf der gemeinsamen Pressekonferenz von US-Präsident Biden und Bundeskanzler Scholz im Februar 2022 überdeutlich. Zitat: „US-Präsident Joe Biden findet klare Worte, sollte Russland mit ‚Panzern und Truppen' in die Ukraine einmarschieren. Es würde das Aus für die umstrittene deutsch-russische Gaspipeline Nord Stream 2 bedeuten, sagte Biden bei einer gemeinsamen Pressekonferenz mit Bundeskanzler Olaf Scholz am Montag im Weißen Haus. Auf die Frage, wie er das bei einem Projekt unter deutscher Kontrolle bewerkstelligen wolle, sagte Biden: ‚Ich verspreche Ihnen, dass wir es schaffen werden.'" Da die USA weder direkt noch indirekt an dem Projekt beteiligt waren, gibt es für diese anmaßende Äußerung nur eine Erklärung: Die Regierung der Bundesrepublik Deutschland ist gegenüber den USA weisungsgebunden. Erhellend auch, dass die Bundesregierung in vorauseilendem Gehorsam das Projekt bereits am 22. Februar 2022 stoppte, also noch vor der russischen Invasion in die Ukraine.

Die Zeche für diesen Unterwerfungsakt gegenüber den USA, der keine sachlich nachvollziehbare Basis hat, zumal selbst die angegriffene

Ukraine gar nicht daran denkt, auf russische Erdgaslieferungen zu verzichten, bezahlen die bundesdeutschen Gaskunden in Wirtschaft und Privathaushalten. Sie tragen nicht nur die exorbitant gestiegenen Gaspreise, sondern mittelbar über die Gasumlage auch die Abschreibungen von Konzernen wie Uniper, die den Bau von Nordstream 2 mitfinanzierten. Die Bundesregierung unterstützt den strauchelnden Konzern bislang mit satten 15 Milliarden Euro aus Steuergeldern, die sie über die Gasumlage wieder eintreibt.

Naive Gemüter könnten nun fragen, inwiefern die Lieferung russischen Erdgases über die Pipeline Nordstream 2 nun schändlicher und moralisch verwerflicher wäre als die über Nordstream 1, zumal das Argument einer höheren Versorgungssicherheit gerade in Anbetracht der Unsicherheit der über Krisenländer wie die Ukraine oder Weißrussland führenden Land-Pipelines kaum von der Hand zu weisen sein dürfte. Sie dürften auch weiter fragen, inwieweit man Russland für die völkerrechtswidrige Invasion der Ukraine durch eine politisch motivierte Verringerung der vertraglich gebundenen Liefermenge bestraft, die zwangsläufig zu drastischen Preissteigerungen und damit zu enormen Gewinnen für den russischen Staatskonzern führt. Auch könnte man die Frage stellen, welchen Sinn es hat, Russland in eine antiwestliche Allianz mit China, Indien und anderen Staaten zu treiben, die als potentielle Abnehmer der von der EU verschmähten russischen Rohstoffe bereits in den Startlöchern stehen.

Die politisch motivierte Abkehr von einer Lieferbeziehung, die selbst im kalten Krieg Bestand hatte, führt bereits heute zu massiven Konsequenzen für die bundesdeutsche Wirtschaft, wie der erst dieser Tage der durch Ministerpräsident Hasselhoff bekannt gegebenen gaspreisbedingten Produktionsstopp der Stickstoffwerke Piesteritz, dem größten mitteleuropäischen Düngemittelhersteller, deutlich wurde. Die absurde Folge des Produktionsausfalls: Die Kunden müssen nun auf Düngemittel aus Russland ausweichen, die von den Sanktionen ausgenommen sind!

Und nein, dieser Beitrag ist kein Plädoyer dafür, angesichts des russischen Angriffskrieges gegen die Ukraine einfach zur Tagesordnung überzugehen und „business as usual" zu betreiben, aber wenn man die Verantwortlichen schon sanktionieren möchte, dann sollte man es so tun, dass man dem eigenen Land nicht größeren Schaden zufügt als dem Adressaten. Vor allem aber sollte man sich aber die Frage stellen: Was kommt danach? Wie wird unsere Welt aussehen, wenn der Ukrainekrieg – wie auch immer – beendet ist? Soll die Bundesrepublik dauerhaft alle Brücken nach Russland abbrechen und sich zudem auch noch mit China anlegen, wie es Außenministerin Baerbock bereits ebenso undiplomatisch wie realitätsvergessen vorexerziert hat? Wie dürfte ein Konflikt zwischen einem russischchinesischen Block und dem mit Gender-Mainstreaming und Kulturbereinigung ohnehin hinreichend beschäftigten Westen wohl langfristig ausgehen? Schon heute agiert China als die Werkbank der Welt und auch wenn sich das russische Militär in der Anfangsphase des Ukrainekrieges als anfällig gezeigt hat, verfügt es nach wie vor über das größte Atomwaffenpotential weltweit.

Zum Schluss sei noch an den bundesdeutschen Amtseid erinnert, der hierzulande inzwischen allerdings längst zur Makulatur verkommen ist: „Ich schwöre, dass ich meine Kraft dem Wohle des deutschen Volkes widmen, seinen Nutzen mehren, Schaden von ihm wenden, das Grundgesetz und die Gesetze des Bundes wahren und verteidigen, meine Pflichten gewissenhaft erfüllen und Gerechtigkeit gegen jedermann üben werde." Von einer übergeordneten Gehorsamspflicht gegenüber atlantischen Globalisten und ukrainischen Politikern steht da nichts. Wie die Realität aussieht, überlasse ich dem Urteil des Lesers.

*14. September 2022*

## Der Fluch der bösen Tat

Die Ampelregierung vollendet das energiepolitische Zerstörungswerk Angela Merkels

Im Gefolge der rasant steigenden Preise für Öl, Gas und Elektroenergie mehren sich die Vorwürfe an Ex-Kanzlerin Angela Merkel im Hinblick auf die Abhängigkeit der bundesdeutschen Wirtschaft von russischen Erdgas- und -öl-Importen. Abgesehen, dass die Urheber dieser Vorwürfe während Merkels Langzeitkanzlerschaft brav geschwiegen haben (es hätte kritische Politiker und Journalisten ja die Karriere kosten können), sind diese Vorhaltungen nur teilweise berechtigt, denn den dramatischsten Schaden für unser Gemeinwesen hat eine ganz andere Fehlentscheidung angerichtet.

Der eine oder andere wird sich (hoffentlich) noch erinnern: Vornehmlich aus wahltaktischen Gründen entschied Bundeskanzlerin Merkel 2011 im Gefolge eines durch einen Tsunami ausgelösten AKW-Unfalls im fernen Japan unvermittelt, den mühsam ausgehandelten Atomkompromiss aufzukündigen und die friedliche Nutzung der Kernenergie in der Bundesrepublik Deutschland damit zu beenden. Dabei war der Kanzlerin und ihren Beratern durchaus klar, dass die Tsunami- und Erdbebengefahr hierzulande eher überschaubar ist und die meisten Länder gar nicht daran denken, den Ausbau der Kernenergie zu stoppen. Aber es galt, den atomkraftfeindlichen Grünen den Wind aus den Segeln zu nehmen, was in der Folge wie stets, wenn man den politischen Gegner (was die Grünen in grauer Vorzeit für die Union waren) imitiert, zu dessen Stärkung und zum eigenen Bedeutungs- und Machtverlust führte. Im Zweifelsfall wird sich der verunsicherte Wähler immer für das Original entscheiden und nicht für die Kopie. Wirtschaftliche Erwägungen spielten bei dieser verhängnisvollen Entscheidung ohnehin keine Rolle. Schließlich gab es ja den Verbraucher, den man per EEG zur Zahlung der Zeche verpflichten konnte.

Die Kosten für diese überhastete und rechtlich fragwürdige Entscheidung gehen in die Multimilliarden, wurden und werden aber vorsichtshalber kaum öffentlich kommuniziert. Wenn man jedoch weiß, dass die Kosten für den Rückbau des vergleichsweise kleinen AKW Greifswald bei 6,5 Milliarden Euro liegen, erkennt man die Dimension. Erst im Juni 2021 erhielten die Energiekonzerne 2,43 Milliarden Euro als Entschädigungszahlung für den vorzeitigen Atomausstieg vertraglich zugesichert.

Die Hände reiben können sich allerdings die Betreiber von Windkraftanlagen. Die erhalten vom Stromkunden über das EEG sogar Geld für Strom, der nie produziert wurde. Laut einem Bericht der „Welt“ betrugen Ausgaben der Verbraucher für den nicht produzierten Geisterstrom allein im ersten Quartal 2019 364 Millionen Euro. „Denn für den Abtransport des Ökostroms fehlen die Netze. Die Rechnung zahlt der Verbraucher."

Ein vielleicht sogar noch größerer Skandal wurde in den letzten Wochen offenbar, nämlich die enormen „Zufalls"- oder Sondergewinne der Energiefirmen auf Grund des ökonomisch fragwürdigen Merit-Order-Systems, nach dem der teuerste Anbieter den Preis an den europäischen Strommärkten bestimmt. Dieser Mechanismus hat zur Folge, dass die hohen Preise, die jedoch nur für Strom aus Gaskraftwerken gerechtfertigt sind, für alle Anbieter gelten, also auch für jene, die den Strom weitaus preiswerter herstellen. Energiefirmen, die billiger Strom produzieren – etwa aus Wind, Sonne oder Atomkraft – machen dabei enorme Gewinne, weil sie ihren Strom zu weit überhöhten Preisen verkaufen können. Diese Milliardengewinne zu Lasten der Energiekunden will die Politik jetzt zwar im Nachhinein abschöpfen, was angesichts der Komplexität der Materie und fraglicher Kontrollmöglichkeiten jedoch kaum zu einer signifikanten Entlastung der Stromkunden führen wird. Am System selbst will die EU nicht rütteln, führt es doch wie politisch erwünscht zur Gewinnmaximierung der Öko-Industrie.

Dafür stieg der Preis für eine Kilowattstunde Elektroenergie seit der fatalen Kanzler-

Entscheidung von 18,66 Cent auf 37,14 Cent (1. HJ 2022), also um 99 Prozent, zunächst vor allem auf Grund der EEG-Umlage, mit denen die Kosten der „Energiewende“ auf den Bürger abgewälzt wurden, später dann auch auf Grund gestiegener Gaspreise und eines unsinnigen und allen marktwirtschaftlichen Prinzipien widersprechenden Systems. Ein Dreipersonenhaushalt (durchschnittlicher Stromverbrauch 3.400 kWh) bezahlt heuer somit knapp 630 Euro mehr für seine Stromrechnung als 2011, den Löwenanteil davon auf Grund eines vernunftwidrigen Alleingangs der Bundesrepublik, der zudem die Stabilität der Energieversorgung des Landes nachhaltig gefährdet.

Bereits im Frühjahr 2021, also lange vor der Verschärfung der Situation durch den russischen Einmarsch in die Ukraine, schrieb der Bundesrechnungshof in einem Sonderbericht unter anderem: „Die Annahmen des BMWi für die Bewertung der Dimension Versorgungssicherheit am Strommarkt sind zum Teil unrealistisch oder durch aktuelle politische und wirtschaftliche Entwicklungen überholt. Das BMWi geht von teils zu optimistischen und teils unplausiblen Annahmen zur Sicherheit der Stromversorgung aus.“ Und weiter: Es bestehe die Gefahr, „dass die Energiewende in dieser Form den Wirtschaftsstandort Deutschland gefährdet, die finanzielle Tragkraft der letztverbrauchenden Unternehmen und Privathaushalte überfordert und damit letztlich die gesellschaftliche Akzeptanz aufs Spiel setzt“.

Wer naiverweise gehofft hatte, dass mit dem Ende der Ära Merkel eine Wende zum Besseren eintreten würde, sah sich alsbald getäuscht.

Bestes Beispiel ist der Umgang von Bundeswirtschaftsminister Habeck mit den Ergebnissen und Empfehlungen des sogenannten „Stresstestes“, den vier große Energieunternehmen im Auftrag des Wirtschaftsministeriums erstellten. Dabei verharmloste er in der Vorstellung des Berichts nicht nur die keineswegs eindeutigen Aussagen zur Versorgungssicherheit, sondern ignorierte zudem die klare Empfehlung der Unternehmen angesichts der drohenden Energieengpässe: Alle drei Atomkraftwerke sollten im sogenannte Streckbetrieb weiterlaufen, also die aktuellen Brennstäbe weiternutzen. Wirtschaftsminister Habeck hat sich aus ideologischen Gründen über diese Empfehlung hinweggesetzt. Er will, dass lediglich zwei der Anlagen, Isar 2 in Bayern und Neckarwestheim in Baden-Württemberg, eine sogenannte „Einsatzreserve“ bilden. Neue Brennstäbe sollen dafür nicht verwendet werden.

Pikant an diesem aus technischer Sicht ohnehin hanebüchenen Vorschlag ist, dass das dritte Atomkraftwerk im Emsland zum Jahresende ganz abgeschaltet werden und nicht einmal als „Reserve“ dienen soll. Sachliche Gründe für diese Entscheidung gibt es nicht, wohl aber politische, denn in Niedersachsen wird im Oktober gewählt!

Wohl nicht zu Unrecht kritisierte der CDU-Vorsitzende Friedrich Merz Habecks Entscheidung gegenüber der „Neuen Osnabrücker Zeitung“: „Die Grünen in der Ampel in Berlin sind ganz offensichtlich von den Grünen in Niedersachsen unter Druck gesetzt worden, das Kernkraftwerk Emsland gegen alle Vernunft abzuschalten … Der Scholz-Regierung scheinen grüne Befindlichkeiten wichtiger zu sein als das Risiko eines Stromausfalls.“

Doch so peinlich, ideologiegetrieben, unverfroren, bürger- und wirtschaftsfeindlich diese Entscheidung Robert Habecks auch ist, ermöglicht wurde sie erst durch den energiepolitischen Amoklauf der Regierung Merkel. Der Fluch der bösen Tat, des 2011 von der Kanzlerin im Alleingang beschlossene Atomausstiegs, könnte sich im kommenden Winter auf dramatische Weise erfüllen.

*Nachtrag: Kaum war die Niedersachsen-Wahl mit dem erwünschten Erfolg für Rot-Grün gelaufen, entschied Bundeskanzler Scholz unter dem Druck der eindeutigen Meinungsumfragen, das Kernkraftwerk Emsland nun doch vorübergehend in Betrieb zu halten…*

*6. Oktober 2022*

## Informationsfreiheit: Wie die EU ihre Bürger entmündigt

Der „Feindsender“ unseligen Angedenkens feiert fröhliche Auferstehung

Eines vorweg: Die ist kein Plädoyer für russische Staatspropaganda, wie sie unter anderem von Russia Today verbreitet wird. Regierungsnahe oder gar direkt vom Staat betriebene Medien berichten grundsätzlich einseitig, selbst, wenn sie sich das Mäntelchen der Objektivität umhängen. Nur geschieht das nicht nur in Russland, sondern überall in der Welt, erst recht beim Kriegsgegner Ukraine und – obwohl das offiziell vehement bestritten wird – durchaus auch hierzulande.

Dabei bedient sich die Propaganda weniger der direkten Lüge, derer man ja überführt werden könnte, sondern man beeinflusst den Konsumenten durch das Weglassen politisch unerwünschter Informationen, tendenziöse Kommentare und die Überbetonung von Nachrichten und gelegentlich auch Thesen, die den Regierenden in die Karten spielen.

Der mündige Bürger weiß um diese Mechanismen und bildet sich seine Meinung, indem er die unterschiedlichen Informationsangebote kritisch wertet und sich aus den unterschiedlichen Positionen seine eigene Meinung bildet.

Doch damit ist nach dem Willen der EU-

Obrigkeit seit Frühjahr dieses Jahres Schluss, zumindest, was russische Medien anbetrifft, die unter der Begründung des russischen Angriffskriegs gegen die Ukraine kurzerhand per Verordnung und ohne eine parlamentarische Debatte zuzulassen zu „Feindsendern" erklärt wurden (auch wenn der historisch belastete Begriff tunlichst vermieden wurde) und via Weisung an die Provider aus dem (allgemein zugänglichen) Internet entfernt wurden.

Dass diese restriktive Maßnahme nicht nur dem Wortlaut, sondern auch dem Sinn von Artikel 5 des Grundgesetzes widerspricht, wurde hierzulande kaum öffentlich diskutiert. Dabei ist die dessen Aussage eindeutig: „(1) Jeder hat das Recht, seine Meinung in Wort, Schrift und Bild frei zu äußern und zu verbreiten und sich aus allgemein zugänglichen Quellen ungehindert zu unterrichten."

Niemand wird ernsthaft bestreiten, dass Internetangebote gleich welcher Art von ihrem Charakter her „allgemein zugängliche Quellen" sind, die Aussagen des BVerfG hierzu sind eindeutig: „Wenn die Informationsquelle an irgendeinem Ort allgemein zugänglich ist, mag dieser auch außerhalb der Bundesrepublik liegen, dann kann auch ein rechtskräftiger Einziehungsbeschluß nicht dazu führen, dieser Informationsquelle die Eigenschaft der allgemeinen Zugänglichkeit zu nehmen." (BVerfG, Beschluss vom 03.10.1969, Az. 1 BvR 46/65). Das Bundesverfassungsgericht beantwortet auch die Frage nach der Intention dieser ausdrücklichen Erwähnung der Informationsfreiheit im Grundgesetz wie folgt: „Die Informationsfreiheit wurde gerade als Reaktion auf die nationalsozialistischen Informationsverbote und -beschränkungen verfassungsrechtlich garantiert, um die ungehinderte Unterrichtung auch aus Quellen, die außerhalb des Herrschaftsbereiches der Staatsgewalt der Bundesrepublik bestehen, zu gewährleisten.“ (!)

Das Gericht geht sogar noch weiter, indem es das Recht des Staates verneint, die Informationseinheit einzuschränken. Zitat: „Die Ansicht, die Allgemeinzugänglichkeit werde maßgebend von Hoheitsakten beeinflußt, widerspricht dem Zweck der verfassungsrechtlichen Verbürgung der Informationsfreiheit. Dem Einzelnen soll ermöglicht werden, sich seine Meinung auf Grund eines weitgestreuten Informationsmaterials zu bilden. Er soll bei der Auswahl des Materials keiner Beeinflussung durch den Staat unterliegen.“

Angesichts dieser eindeutigen Aussagen ist es erhellend, dass kritische Reaktionen hiesiger Medienschaffender auf den Übergriff des EU-Rates weitgehend ausblieben. Bis auf die Alibi-Kritik der Organisation „Reporter ohne Grenzen“ und einem kritischen Kommentar von Deniz Yücel in der „Welt“, der zutreffend anmerkte: „Praktisch ausgedrückt: Wer ‚Russia Today‘ und ‚Sputnik‘ verbietet, wird künftig ein Glaubwürdigkeitsproblem bekommen, die Unterdrückung der Presse- und Meinungsfreiheit anderer Staaten, zum Beispiel, Russland zu kritisieren … Auch im Innern führt das zu einem Glaubwürdigkeitsproblem: Warum sollte man es mündigen Bürgerinnen und Bürgern in Gouvernantenmanier vorenthalten, die russische Sicht der Dinge in Originalquellen zu lesen und zu hören? Spricht daraus nicht ein verheerendes Misstrauen gegen Verstand und Herz der eigenen Bevölkerung?", herrscht weitgehend Schweigen oder sogar Zustimmung in der bundesdeutschen Medienwelt. Dabei liegt der Verdacht nahe, dass die Entfernung der russischen Sichtweise aus der öffentlichen Wahrnehmung der Mehrheit der Medienschaffenden durchaus entgegenkommt, schließlich ist die Verbreitung von regierungsnaher Propaganda keineswegs ein singulär russisches Phänomen.

Vor diesem Hintergrund kommt den Aussagen der Bundeszentrale für politische Bildung zur Informationsfreiheit inzwischen durchaus satirischer Charakter zu. Zitat: „In der Bundesrepublik Deutschland darf jeder Mensch selbst bestimmen, wie er sich informieren möchte. Das ist nicht in allen Staaten so. In manchen Staaten sind zum Beispiel bestimmte Webseiten verboten. Die Bürger und Bürgerinnen haben dort keine Informationsfreiheit. Sie können sich nicht frei informieren."

Das Lachen darüber sollte dem Leser allerdings im Hals stecken bleiben, den jeder staatliche Tabubruch öffnet das Tor zu weiteren, bis Demokratie und Meinungsfreiheit endgültig Makulatur sind.

*12. Oktober 2022*

## Mit zweierlei Maß

### Wie die Justiz linke Demagogen schützt und kritische Bürger kriminalisiert

Von einem befreundeten Autor, der aus nachvollziehbaren Gründen anonym bleiben möchte, erhielt ich den nachfolgenden Text:

„Alle Menschen sind vor dem Gesetz gleich", steht gleich im ersten Absatz in Artikel 3 des Grundgesetzes. Heute muss man leider hinzufügen: „...sofern sie die erwünschte Weltanschauung haben."

Wie es um diese angebliche Gleichbehandlung tatsächlich bestellt ist, zeigte sich erst jüngst, als die Urheber zweier Sprengstoffanschläge (beide mit Sach- und ohne Personenschaden) zu höchst unterschiedlichen Strafen verurteilt wurden: Der Anschlag auf eine Moschee in Dresden wurde mit 10 Jahren Haft und der auf ein AfD-Büro in Döbeln mit Bewährungsstrafen geahndet.

Aber auch in weniger dramatischen Fällen wie den nachfolgend beschriebenen zeigt sich, wie die Justiz im Sinne der politischen Klasse mit zweierlei Maß misst.

Fall 1: Am 5. September 2016 postete der bekannte Publizist Sascha Lobo auf Twitter folgendes: „‘Das Problem ist – ein Drittel der sächsischen Polizisten sind Nazis‘ (aus einem Hintergrundgespräch mit einem Polizeifunktionär)". Ob dieser Polizeifunktionär tatsächlich existiert, muss offenbleiben, Tatsache aber ist, dass Herr Lobo eine nicht belegbare diffamierende Behauptung weiterverbreitet hat. Diese erfüllt mit einiger Wahrscheinlichkeit den Straftatbestand der Verleumdung gemäß § 187 StGB: „Wer wider besseres Wissen in Beziehung auf einen anderen eine unwahre Tatsache behauptet oder verbreitet, welche denselben verächtlich zu machen oder in der öffentlichen Meinung herabzuwürdigen oder dessen Kredit zu gefährden geeignet ist, wird mit Freiheitsstrafe bis zu zwei Jahren oder mit Geldstrafe und, wenn die Tat öffentlich, in einer Versammlung oder durch Verbreiten von Schriften (§ 11 Abs. 3) begangen ist, mit Freiheitsstrafe bis zu fünf Jahren oder mit Geldstrafe bestraft."

Nimmt man zugunsten von Herrn Lobo an, dass bei ihm kein „besseres Wissen" vorhanden war und ist, ist mit einiger Wahrscheinlichkeit der Straftatbestand der üblen Nachrede gemäß § 186 StGB gegeben, für den es genügt, dass eine behauptete Tatsache „nicht erweislich wahr" ist.

Also erstattete ich Anzeige bei der Online-Wache der Polizei unter anderem mit folgendem Wortlaut: „Herr Lobo zitiert öffentlich [Twitter] die angebliche Behauptung eines nicht genannten Polizeifunktionärs, dass ein Drittel aller sächsischen Polizisten Nationalsozialisten [‚Nazis'] seien. Diese nicht belegte Behauptung erfüllt m. E. den Tatbestand der Verleumdung gemäß § 187

StGB sowie hilfsweise der üblen Nachrede gemäß § 186 StGB und ist durch die Schwere der Ehrverletzung nicht durch das Grundrecht auf Meinungsfreiheit gedeckt."

Bereits am 5. Oktober 2016 erreichte mich ein Schreiben der Staatsanwaltschaft Z., dass das Ermittlungsverfahren gemäß § 170 Abs. 2 StPO eingestellt wurde. Die Staatsanwaltschaft wandelte die angezeigten Vorwürfe der Verleumdung sowie der üblen Nachrede einfach in eine „Pauschalbeleidigung" um, begründete die Einstellung dann mit fehlendem „besonderen öffentlichen Interesse" und führte dann auf anderthalb Seiten mit den üblichen Textbausteinen aus, wieso die Äußerung keine Beleidigung sei.

Besonders bizarr ist dieses Vorgehen, weil die Staatsanwaltschaft Z. m. E. gar nicht zuständig war und ist, denn der Gerichtsstand ist nach den § 7 und § 8 StPO entweder der Tatort oder der Wohnort des Beschuldigten, ausgenommen Anzeigen wegen Beleidigung, aber eine solche wurde gar nicht angezeigt.

Dass besagte Staatsanwaltschaft auch ganz anders kann, zeigt Fall 2:

Ein Nutzer setzte unter einen Blogbeitrag zu einem Wortbeitrag des für seriöses Auftreten und sachliche Argumentation (Vorsicht Satire!) bekannten Wuppertaler Bundestagsabgeordneten Helge Lindh einen sarkastischen Kommentar. Besagter Abgeordneter hatte in diesem Beitrag die AfD indirekt als mitverantwortlich an einem islamistischen Mordanschlag in Nizza diffamiert, was auch bei anderen Kommentatoren Unmut auslöste. Besagter Nutzer hatte bezüglich des bizarren Auftritts von Herrn Lindh angemerkt: „Der Herr mit der fliehenden Stirn ist das beste Argument gegen Drogen und Alkoholmissbrauch in der Schwangerschaft."

Das ist zweifellos nicht besonders freundlich und sicherlich überflüssig, liegt aber vor allem unter der Berücksichtigung des Kontextes deutlich unter Verunglimpfungen wie „Nazischlampe" für eine unbescholtene AfD-Politikerin – eine Diffamierung, die bekanntlich juristisch folgenlos blieb.

Im Gegensatz dazu setzte die genannte Anmerkung sofort die von „Opfer"-Anwälten, Justiz und polizeilichem Staatsschutz betriebene Maschinerie der Strafverfolgung in Gang, die nach zwölfmonatigen aufwendigen Nachforschungen (die Ermittlungsakte füllte schließlich 185 A4-Seiten!) zur Dingfestmachung des vermeintlich Schuldigen, nämlich meiner Person, führte.

Der Nutzer hätte allerdings wissen können, dass der charismatische Abgeordnete Lindh nicht etwa nur die Schwefelpartei und masseneinwanderungsskeptische Rassisten mit ganzer Kraft bekämpft, sondern nach eigenem Bekunden 55 Strafanzeigen täglich verfasst und inzwischen ein ganzes Team der NGO HateAid damit beschäftigt, das Internet nach realen und vermeintlichen Beleidigungen zu durchforschen und die Urheber juristisch verfolgen zu lassen. Auch die Kommentatoren des Blogs „Achse des Guten“ bekamen dies bereits zu spüren, was Henryk Broder zu einem lesenswerten Kommentar unter dem Titel „Lindh lässt klagen“ veranlasste.

Nur hilft der schönste Sarkasmus nichts, wenn man einmal in den Mühlen der Justiz gelandet ist, denn die Protagonisten dieser Ermittlungsorgien sind nicht nur absolut humorlos, sondern auch unerbittlich, wenn es darum geht, dem vorgeblich verletzten Ego von vorzugsweise rotgrünen Politikern Genugtuung zu verschaffen.

Ein Richter allerdings, so verrät die Ermittlungsakte, scherte ein wenig aus der Reihe der verbeamteten Rächer aus, indem er unter anderem einwandte: „Der Kommentar liegt zwar sehr nahe an der Schmähkritik, dürfte aber bei gebührlicher Berücksichtigung von Art. 10 EMRK und Art 5 GG nach Auffassung des Gerichts den Beleidigungstatbestand nicht erfüllen.“

Damit kam er allerdings beim Spiritus Rector der Ermittlungen, dem Frankfurter Oberstaatsanwalt Dr. Benjamin Krause (Zentralstelle zur Bekämpfung der Internetkriminalität), übel an, der dem Amtsgericht in einem vierseitigen (!) Schreiben die Richtung wies und auf der Datenauskunft beharrte. Möglicherweise rührte der Eifer des Oberstaatsanwaltes auch daher, dass eine möglichst hohe Zahl geahndeter „Hassverbrechen“ die Notwendigkeit seiner Behörde und seiner wohldotierten Anstellung rechtfertigt.

Also nahm das nunmehr wieder von der Staatsanwaltschaft Z. geführte Verfahren seinen Lauf, wobei sich diese auch von einem 10-seitigen wohlbegründeten Antrag auf Einstellung des Verfahrens nicht in ihrem Verfolgungseifer beeindrucken ließ (vermutlich hatte man das Anwaltsschreiben ebenso genau gelesen und verstanden wie die oben erwähnte Strafanzeige). Bereits am 28. Februar 2022, also nur 10 Tage nach dem Versand der Verteidigungsschrift, erhielt ich einen Strafbefehl vom 25. Februar 2022 wegen Beleidigung gemäß § 185 StGB über 20 Tagessätze!

Fassen wir noch einmal zusammen: Ein linker Publizist verbreitet öffentlich auf einer vielfrequentierten Twitterseite Diffamierungen der sächsischen Polizei, die zumindest den Tatbestand der üblen Nachrede, wenn nicht sogar der Verleumdung erfüllen. Das Verfahren wird ohne Ermittlungen eingestellt. Ein verärgerter Leser reagiert auf eine demagogische Rede des Bundestagsabgeordneten Helge Lindh mit einem sarkastischen Kommentar, worauf Polizei und Justiz über ein Jahr lang gegen ihn ermitteln und er schließlich trotz begründeter Zweifel wegen angeblicher Beleidigung verurteilt wird. Könnte die unterschiedliche Handhabung damit zusammenhängen, dass bundesdeutsche Staatsanwälte weisungsgebunden sind, wie kürzlich sogar der Europäische Gerichtshof monierte, oder handeln Staatsanwälte und Richter auch ohne konkrete

Anweisung in vorauseilendem Gehorsam gegenüber dem Zeitgeist?

Selbst jenseits des Atlantiks erregt der rigide Umgang der bundesdeutschen Behörden mit kritischen Meinungsäußerungen inzwischen Anstoß. Eine umfangreiche Reportage der „New York Times“ widmet sich dem gestörten Verhältnis der deutschen Regierung zur Meinungsfreiheit und enthüllt, dass Deutschland im Kampf gegen regierungskritische Stimmen „weiter als jede andere westliche Demokratie gegangen ist, um Einzelpersonen für das zu verfolgen, was sie online sagen.“

*16. November 2022*

## Das Bürgergeld als gesellschaftspolitischer Spaltpilz

### Nicht Beschäftigung, sondern Leistungsmissbrauch wird gefördert

Immer häufiger reibt man sich angesichts der politischen Debatte verwundert die Augen und fragt sich, wie lange sich der steuer- und abgabenzahlende Bürger die Benachteiligung und Verhöhnung ehrlich arbeitender Menschen noch gefallen lassen will.

Ein treffliches Beispiel ist die geplante Einführung des Bürgergeldes, eines Konstruktes, das es Arbeitsunwilligen durchaus erlaubt, praktisch bis ans Ende ihres irdischen Daseins auf Kosten der verbliebenen Steuer- und Abgabenzahler zu leben.

Auf die begründeten Einwände von Kritikern, dass der Einkommensabstand zwischen versicherungspflichtigen Arbeitnehmern und reinen Leistungsempfängern kaum noch gegeben ist bis hin zur Schlechterstellung der Niedriglohnempfänger, reagieren Politik und Medien mit dem Argument, die betroffenen Beschäftigten könnten ja bei Bedarf ebenfalls staatliche (oder vielmehr abgabenfinanzierte) Sozialleistungen beantragen, dann bekämen sie am Ende doch mehr Geld als Empfänger des Bürgergeldes!

Im Klartext: Ein Bürger, der Tag für Tag fleißig arbeitet, Steuern und Abgaben zahlt, möglicherweise sogar noch zum Arbeitsplatz pendeln muss, soll um staatliche Almosen bitten, seine gesamten Lebensverhältnisse offenlegen und sich langwierigen bürokratischen Verfahren unterziehen, damit er am Ende nicht weniger Einkommen bezieht als ein Bürgergeldempfänger? Es ist ja keineswegs so, dass man als Arbeitnehmer Wohngeld oder Kinderzuschläge so selbstverständlich wie den Monatslohn erhält, sondern man muss zum Beispiel beim Wohngeld ein achtseitiges Formular ausfüllen und eine ganze Reihe von Belegen beifügen. Welcher Mensch mit Selbstachtung unterzieht sich dieser demütigenden Prozedur und gibt damit zu Protokoll, dass er mit seiner Arbeit seine Familie nicht ernähren kann? Diese Zumutung als Rechtfertigung für das krasse Missverhältnis zwischen Arbeitslohn und staatlicher Alimentierung auf Kosten der Steuer- und Abgabenzahler auszugeben, empfinde wohl nicht nur ich als Verhöhnung arbeitender Menschen.

Außerdem fällt bei der aktuellen Debatte eine benachteiligte Personengruppe völlig unter den Tisch, nämlich die der Handwerker, Gastwirte und sonstigen Gewerbetreibenden, deren Einkommen angesichts der inflations- und energiepreisbedingten Kostensteigerungen häufig genug deutlich unter dem Mindestlohnniveau liegt. Die Anzahl der Insolvenzen und Geschäftsaufgaben steigt derzeit massiv an, auch als Folge einer

Politik, die gerade Familienbetriebe massiv belastet.

Nun ist ein funktionsfähiger Sozialstaat durchaus eine Errungenschaft, wenn es darum geht, den Lebensunterhalt von Menschen zu sichern, die wegen gesundheitlicher oder anderer Beeinträchtigungen nicht in der Lage sind, einer ihren Lebensunterhalt sichernden Tätigkeit nachzugehen. Deshalb ist eine Debatte über die Höhe der Regelsätze der Grundsicherung auch wenig sinntragend, zumal die drastisch gestiegenen Lebensmittelpreise zweifellos eine Anpassung erfordern. Das Systemversagen liegt ja weniger darin, dass tatsächlich Bedürftige zu viel Geld erhalten, sondern in den fehlenden Sanktionsmechanismen, die gesunde und leistungsfähige Menschen zwingen würden, einer geregelten Arbeit nachzugehen oder zumindest die Voraussetzungen dafür durch Weiterbildung, Sprachkurse etc. zu schaffen.

Wer in der Bundesrepublik Deutschland nicht arbeiten will, muss sich so keinerlei Sorgen um seinen Lebensunterhalt machen, denn eine signifikante Leistungsverweigerung seitens der Behörden ist praktisch unmöglich.

So etwas spricht sich natürlich herum, nicht nur im eigenen Land, wo inzwischen ganze Familienverbände generationenübergreifend Grundsicherung beziehen, sondern auch im Ausland, wo die Bundesrepublik als eine Art Schlaraffenland gilt, in dem Milch und Honig auch ohne eigene

Arbeit fließen. Es ist ja kein Zufall, dass allein 2021 knapp dreißig Prozent aller in die EU eingereisten Asylbewerber ihre Anträge in Deutschland stellten, das noch nicht einmal eine Außengrenze besitzt. In den Jahren unmittelbar nach der von Kanzlerin Merkel verfügten Grenzöffnung für jedermann lag dieser Prozentsatz sogar noch deutlich höher. Folgerichtig stieg der Migrantenanteil der ALG II (Hartz IV)-Bezugsberechtigten inzwischen von 25 Prozent (2016) auf 45 Prozent (2022). Noch nicht berücksichtigt ist hierbei der Anteil von Bezugsberechtigten mit Migrationshintergrund, da diese Zahlen nicht erfasst und publiziert werden.

Nun geht es in diesem Beitrag jedoch nicht darum, einheimische und zugewanderte Leistungsempfänger gegeneinander auszuspielen. Die Zuwanderer nehmen nur Leistungen wahr, die ihnen von Politik und Behörden auf dem Silbertablett serviert werden. Warum sollte man also die komplizierte deutsche Sprache erlernen, gar noch eine Ausbildung machen und sich später zehn Stunden am Tag (mit Arbeitsweg) in schlecht bezahlten Aushilfsjobs krummschuften, wenn man auch ohne Arbeit besser leben kann als zuhause? Das Straßenbild in inzwischen den meisten Städten hierzulande belegt, das letztgenannte Variante nur zu gern wahrgenommen wird.

Das zentrale Problem ist jedoch nicht, dass Menschen ein vorhandenes Angebot annehmen, sondern dass es überhaupt besteht und dazu führt, dass sich das Verhältnis von Einnahmen und Ausgaben der Sozialsysteme, mehr und mehr zugunsten der Ausgaben verschiebt. Der nach 2015 drastisch angestiegene Exodus von Leistungsträgern trägt zusätzlich zu dieser Entwicklung bei. Allein 2021 verließen 250.000 Deutsche das Land.

Man muss kein Prophet oder Mathematiker sein, um zu erkennen, wohin diese Entwicklung führt. Wenn mit dem Renteneintritt der „Babyboomer" weniger Abgabenzahler immer höhere Sozialleistungen alimentieren müssen, gerät der Sozialstaat an seine Grenzen. Kommen noch äußere Einflussfaktoren verschärfend dazu wie gegenwärtig, sind soziale Unruhen vorprogrammiert. Durch Mehrschulden und Gelddrucken entsteht keine höhere Warendecke, erst recht nicht, wenn man es sich neben Russland auch noch mit der Weltwerkbank China verscherzt, die ohnehin bereitsteht, die Konkursmasse des einstigen Exportweltmeisters zu übernehmen.

Dass es durchaus auch anders geht, beweist zum Beispiel Ungarn mit seinem System der „öffentlichen Beschäftigung". Anders als in Deutschland, wo aktuell 3,7 Millionen Personen ALG II (Hartz IV) beziehen, hat man dort ein Interesse daran, dass gesunde und arbeitsfähige Menschen auch dann einer Arbeit nachgehen können, wenn auf dem ersten Arbeitsmarkt aktuell keine Nachfrage besteht. Deswegen wurde das System „öffentliche Beschäftigung" stark ausgebaut und die Frist für den Bezug von Arbeitslosengeld auf 90 Tage abgesenkt. Wird danach das Angebot der „öffentlichen Beschäftigung“ nicht angenommen, kann bei der zuständigen Kommune Sozialhilfe beantragt werden, die aber nur 23.000 Forint (60 Euro) beträgt (bei gesundheitlichen Einschränkungen 47.000 Forint). Auch so etwas spricht sich nicht nur im Inland herum: 2021 gab es in Ungarn ganze 40 Asyl-Erstanträge…

Doch in den woken Elfenbeintürmen der hiesigen Politik verdrängt man bewusst, welch dramatische Folgen ein Kollaps des Sozialsysteme nach sich ziehen würde, und verteilt lieber schuldenfinanzierte Almosen wie die Gasabschlagszahlung für Dezember, um die murrende Wählerschaft bei Laune zu halten, als die eigentlichen Probleme (Massenzuwanderung in die Sozialsysteme, Alimentierung von Arbeitsunwilligen, hohe Abgabenlast) auch nur anzusprechen. Wenn das Narrenschiff dann endgültig in Brand gerät und sinkt, ist man ja nicht mehr im Amt und hat sein Schäflein ins Trockene gebracht…

*5. Dezember 2022*

# Länderstatistik belegt Wirkungslosigkeit der Covid-19-Impfung gegen Omikron-Variante

## Keine signifikante Korrelation zwischen Impf-/Boosterquote und Todesraten

Wohl die Mehrzahl Leser wird selbst oder im Bekanntenkreis die Erfahrung gemacht haben, dass vollständig geimpfte und überwiegend geboosterte Menschen an Covid-19 erkranken, nicht selten sogar schwer. Einige Statistiken weisen sogar darauf hin, dass prozentual mehr Geimpfte an der Omikron-Variante des Virus erkranken und hospitalisiert werden als Ungeimpfte.

Inzwischen wurden schon einige während der Impfkampagne aufgestellten Behauptungen widerlegt und aufgegeben, denn nachweislich schützt die Impfung nicht vor Infektionen und auch nicht vor der Ansteckung Dritter.

Eine zentrale These wird jedoch bis heute mit Vehemenz aufrechterhalten, nämlich die, dass die Impfung auch bei der Omikron-Variante vor schweren Verläufen bis hin zum Tod schützt. Bislang war es trotz einiger gegenteiliger Indizien kaum möglich, diese Behauptung zu überprüfen oder gar zu widerlegen, denn die Impfstatus der betroffenen Patienten wird nur lückenhaft erfasst und schon gar nicht statistisch valide ausgewertet.

Wenn die von Minister Lauterbach und seinen

Getreuen gebetsmühlenartig wiederholte Behauptung richtig wäre, dann müsste eine höhere Impfquote jedoch zwangsläufig dazu führen, dass weniger Menschen wegen einer Covid-19-Infektion hospitalisiert werden und versterben.

Ich habe dies auf der Basis des Datenpools von Our World in Data für die Infektions- und Sterbefälle des Jahres 2022 bis zum 9. November für ausgewählte europäische Länder untersucht und das Ergebnis ist eindeutig.

Zur Methodik: Ausgewertet wurden die „neuen" Infektionsfälle des Jahres 2022 (new cases) sowie die Zahl der gemeldeten Todesfälle (new deaths). Erfasst wurden alle großen europäischen Staaten, sowie eine repräsentative Anzahl kleinerer Länder, darunter einige osteuropäische und nordische. Diese Zahlen wurden aufsummiert und zur Bevölkerungszahl des entsprechenden Landes ins Verhältnis gesetzt. Außerdem wurde die Impf- und Boosterquote für das jeweilige Land erfasst (jeweils zum Zeitpunkt der letzten Datenlieferung). Man erhält so die Parameter „Fälle je eine Million Einwohner" und „Todesfälle je eine Million Einwohner". Die so erfassten Excel-Daten sehen unspektakulär aus, widerlegen aber zweifelsfrei die oben genannte Propagandabehauptung. Denn es existiert nachweislich keine signifikante Korrelation zwischen den Todesraten und der Impf-/Boosterquote!

| Jahr 2022 | neue Todesfälle | neue Fälle je eine Million Einwohner | neue Todesfälle je eine Million Einwohner | vollständig geimpft (%) | Booster (Anzahl Dosen durch Bevölkerungszahl in %) |
|---|---|---|---|---|---|
| Rumänien* | 8.468 | 75.368 | 431 | 41,60 | 0,00 |
| Polen | 21.141 | 56.125 | 530 | 56,67 | 37,47 |
| Ungarn | 8.925 | 90.009 | 895 | 62,26 | 42,90 |
| Tschechien | 5.553 | 161.573 | 529 | 65,67 | 47,57 |
| Schweiz | 1.925 | 336.851 | 220 | 68,77 | 51,52 |
| Spanien | 26.031 | 152.160 | 547 | 85,49 | 54,67 |
| Großbritannien | 32.141 | 150.331 | 476 | 75,16 | 59,81 |
| Dänemark | 4.156 | 431.445 | 707 | 81,11 | 62,23 |
| Griechenland | 13.098 | 388.969 | 1.261 | 73,58 | 65,03 |
| Frankreich | 33.882 | 399.851 | 500 | 78,30 | 65,68 |
| Portugal | 6.364 | 402.958 | 620 | 86,40 | 67,69 |
| Norwegen | 2.117 | 197.247 | 390 | 74,61 | 68,61 |
| Schweden | 5.443 | 123.251 | 516 | 72,41 | 68,92 |
| Österreich | 4.349 | 471.997 | 486 | 77,10 | 71,28 |
| Finnland | 4.843 | 196.705 | 874 | 78,41 | 72,60 |
| Deutschland | 43.275 | 345.700 | 519 | 76,16 | 74,84 |
| Italien | 42.034 | 296.698 | 712 | 81,26 | 75,96 |
| Belgien | 4.628 | 215.717 | 397 | 78,62 | 98,20 |

So hat zum Beispiel die Schweiz mit 220 je eine Million Einwohner die mit Abstand die geringste Anzahl von Todesfällen gemeldet bei einer Impfquote von 68,8 Prozent, die eher im Mittelfeld liegt. Griechenland dagegen hat mit 73,6 Prozent eine respektable Impfquote, mit 1.261 Toten auf 1 Million Einwohner aber die höchste Todesrate (fast sechsmal höher als die Schweiz!). Polen mit seiner geringen Impfquote von 56,7 Prozent liegt mit 519 Todesfällen im Mittelfeld, während Dänemark und Italien mit je 81 Prozent Impfquote um die 700 Todesfälle je eine Million verzeichnen. Deutschland, neben Belgien der Booster-Primus (74,8 Prozent) liegt mit 519 Todesfällen im Mittelfeld, während Rumänien mit gerade einmal 42 Prozent Erstimpfungen nur 431 Todesfälle ausweist. Nun kann man durchaus an der einen oder anderen gemeldeten Zahl Zweifel hegen (ich habe zum Beispiel die Niederlande entfernt, weil die gemeldeten Todesfälle unplausibel niedrig waren), aber am Gesamtbild ändert das nichts. Eine höhere Impfquote führt also eindeutig nicht zu weniger Todesfällen, was die Schlussfolgerung erlaubt, dass die so vehement beworbene Schutzimpfung gegen die Omikron-Variante des Covid-19-Virus weitgehend wirkungslos ist.

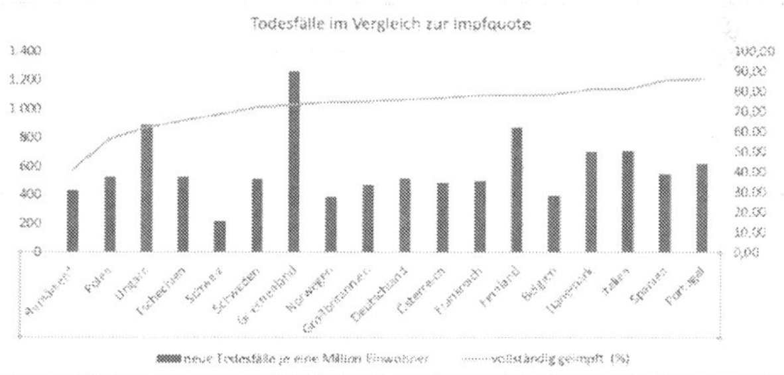


Das war nicht immer so. Ich habe 2021 die damaligen Zahlen ausgewertet und eine gewisse, wenn auch geringe Korrelation zwischen Impfquote und Todesfällen gefunden, allerdings keine zwischen Boosterquote und Todesfällen. Aber das ist Geschichte und wenn schon die Politik nicht auf die veränderte Situation reagiert, hätte das die Wissenschaft tun müssen. Aber natürlich sind öffentlich geäußerte Zweifel an der Impfpolitik nicht karrierefördernd…

Wie die politisch und medizinisch Verantwortlichen für die Impfkampagne ihr „Weiter so!“ mit ihrem Gewissen vereinbaren können, ist mir angesichts der inzwischen bekannt gewordenen Nebenwirkungen ein Rätsel.

Im Übrigen sind die Datensets von Our World in Data für jedermann zugänglich, und eine Auswertung wie diese ist zwar ein wenig mühsam, aber kein Hexenwerk. Aber offenbar haben die „Enthüllungsjournalisten“ dieses Landes andere Prioritäten…

*20. Dezember 2022*

## Mein Weihnachtswunschzettel

Wie weit unser Land bereits vom Wege abgekommen ist

Es ist Adventszeit und die Kinder schicken ihre Herzenswünsche an den Weihnachtsmann oder hilfsweise an die Eltern mit mehr oder weniger guten Aussichten auf Erfüllung. Erwachsene sind schlechter dran, denn sie glauben im Regelfall nicht mehr an den Weihnachtsmann und wenn sie sich einen Wunsch erfüllen möchten, müssen sie sich zumeist selbst darum kümmern.

Das ist im privaten Bereich abhängig von Ansprüchen und Geldbeutel durchaus machbar, wenn es jedoch um das Land und die Gesellschaft geht, sind den eigenen Möglichkeiten Grenzen gesetzt. Der Glaube, dass Wahlen etwas zum Guten ändern können, ist wie der an den Weihnachtsmann zweifelhaft geworden, was mich jedoch nicht davon abhalten wird, im Folgenden meine Wünsche für unser Land zu formulieren und sei es nur, um darzustellen, wie weit sich unser Gemeinwesen inzwischen von Rationalität, Anstand und Moral entfernt hat.

Selbst den wohlmeinendsten und gutgläubigsten Mitbürgern sollte nicht entgangen sein, wie sehr sich unser Land insbesondere in den letzten Jahren verändert hat. Ein tiefer Riss geht durch die Gesellschaft und inzwischen auch durch ganz

Europa, ein Riss, der selbst bei zurückhaltender Betrachtung eindeutig durch die Handlungen der von den etablierten Parteien getragenen Bundesregierungen mitverursacht wurde.

Die in einem Akt der Selbstermächtigung ohne Befragung des Parlaments und Abstimmung mit den europäischen Partnern durch die damalige Bundeskanzlerin Merkel angeordnete Grenzöffnung für jedermann hat nicht nur das gesellschaftliche Klima vergiftet, sondern auch die innere Sicherheit des Landes in einem Maße beeinträchtigt und gefährdet, das noch vor historisch kurzer Zeit undenkbar gewesen wäre. Allein 2021 wurden laut BKA 40.000 Einheimische Opfer von Gewaltstraftaten mit Zuwanderern als Tatverdächtigen. Medial präsente Schwerverbrechen wie der Mädchenmord von Illerkirchberg sind dabei nur die Spitze eines Eisbergs.

Über die Kosten für die Vollversorgung dieser Klientel gibt es widersprüchliche Angaben, aber sie dürften sicher im höheren zweistelligen Milliardenbereich liegen. Das ist im Verhältnis zu den faulen Krediten und Target-Salden im Rahmen des Euro-Systems und den Kosten der Energiewende zwar noch überschaubar, dürfte aber gerade sozial Schwachen nur schwer zu vermitteln sein.

Doch die „Verdienste" der letzten Bundesregierungen beschränken sich nicht auf das Zuwanderungs-Chaos, sondern reichen von der unmotivierten Energiewende mit Multimilliarden-

Mehrkosten für die Verbraucher über die Einschränkung der Meinungsfreiheit, die Kriminalisierung jeglicher Opposition und den dilettantischen und totalitären Umgang mit der Corona-Krise bis hin zur dauerhaften Beschädigung des Verhältnisses zu Russland durch Waffenlieferungen in ein Kriegsgebiet und Sanktionen, die vor allem der eigenen Wirtschaft Schaden zufügen und Arbeitsplätze kosten.

Natürlich kann man zu einigen dieser Themen unterschiedlicher Meinung sein, dennoch bleibt objektiv zu konstatieren, dass der gesellschaftliche Zusammenhalt in den letzten Jahren enormen Schaden genommen und die politische Kultur einen Tiefpunkt erreicht hat. Dazu kommt das kollektive Versagen der Medien, die mehrheitlich nicht als unabhängige „vierte Gewalt" agieren, sondern zu regierungshörigen Propagandaorganen verkommen sind.

Um mich nicht in parteipolitischer Polemik zu verlieren, habe ich nachfolgend einige Punkte zusammengestellt, die mir persönlich wichtig und wünschenswert erscheinen. Jeder mag für sich selbst beurteilen, was davon umsetzbar oder inzwischen illusionär geworden ist:

Ich wünsche mir ein Land, in dem Politiker wieder die Interessen jener vertreten, die sie gewählt haben.

Ich wünsche mir ein Land, in dem Regierungsmitglieder, die ihren Amtseid brechen oder der Vorteilsnahme überführt werden, abgelöst und vor Gericht gestellt werden.

Ich wünsche mir eine Regierung, die die Interessen des Landes und seiner Bürger auch nach außen selbstbewusst vertritt und nicht versucht, sich internationale Anerkennung mit Milliardengeschenken zu erkaufen.

Ich wünsche mir ein Land, in dem die Justiz die Opfer schützt und nicht die Täter und unabhängig von politischer Gesinnung oder Herkunft Recht spricht.

Ich wünsche mir ein Land, in dem Frauen und Mädchen auch bei Dunkelheit wieder allein unterwegs sein können, ohne Furcht vor Straftätern wie dem Vergewaltiger von Illerkirchberg, dessen Abschiebung das Innenministerium aus ideologischen Gründen verhindert.

Ich wünsche mir ein Land, in dem Verbrechen wie Straßenraub, Messerstechereien und Vergewaltigungen im öffentlichen Raum wie vor 2015 die seltene und gesellschaftlich geächtete Ausnahme sind.

Ich wünsche mir ein Land, in dem Kinder ohne Angst vor Mobbing und Gewalt zur Schule gehen können und nicht von Lobbyistengruppen in ihrer sexuellen Entwicklung beeinflusst werden.

Ich wünsche mir ein Land, das seine Identität

nicht in einem Massenmord sucht, sondern in den Sternstunden seiner Geschichte.

Ich wünsche mir ein Land, das wieder Erfinder, Dichter, Maler und Komponisten von Weltrang hervorbringt und keine moralisierenden Heuchler und Zeitgeistritter.

Ich wünsche mir ein Land, in dem Religion Privatsache ist und in dem religiöse Fanatiker in die Schranken gewiesen werden, erst recht, wenn sie Minderheiten und Andersgläubige bedrohen.

Ich wünsche mir ein Land, in dem die christlichen Kirchen zu ihren Wurzeln zurückfinden und zeitgeistseligen Kreuzverleugnern die Tür weisen.

Ich wünsche mir ein Land, in dem Lehrer und Erzieher wieder Wissen und Anstand vermitteln und keine ideologischen Wunsch- oder Wahnvorstellungen.

Ich wünsche mir ein Land, in dem die Medien unabhängig und objektiv informieren und nicht als propagandistische Hilfstruppen des Parteienstaates agieren.

Ich wünsche mir ein Land, das politisch und ethnisch Verfolgten im Rahmen geltenden Rechts Schutz bietet, aber Sozialtouristen, Glücksrittern und Kriminellen die Tür weist.

Ich wünsche mir ein Land, das die eigene Bevölkerung dauerhaft vor illegaler Zuwanderung und importierter Kriminalität bis hin zum Terrorismus schützt und nicht nur mit Millionenaufwand die Veranstaltungen sogenannter „Eliten“ wie die Münchener Sicherheitskonferenz, in deren Umfeld es plötzlich möglich ist, die Staatsgrenzen zu kontrollieren.

Ich wünsche mir ein Land, in dem das Bundesverfassungsgericht das Grundgesetz und die Bürgerrechte schützt und nicht wie insbesondere nach der Berufung des Merkel-Vertrauten Stephan Harbarth zum Vorsitzenden des ersten Senates als willfähriger Erfüllungsgehilfe der Politik agiert.

Ich wünsche mir ein Land, in dem die Familie als Keimzelle der Gesellschaft respektiert und gefördert wird, ohne dass alternative Formen des Zusammenlebens dadurch benachteiligt oder ausgegrenzt werden.

Ich wünsche mir ein Land, in dem grundlegende Bürgerrechte wie Meinungs- und Versammlungsfreiheit nicht durch juristische Winkelzüge und grundgesetzwidrige Sondergesetze eingeschränkt werden, wie dies zuletzt unter dem Vorwand der Pandemiebekämpfung praktiziert wurde.

Ich wünsche mir ein Land, in dem die Sicherheitsbehörden parteipolitisch unabhängig agieren und sich nicht als Repressionsinstrument gegen die Opposition missbrauchen lassen, wie die

Einrichtung eines Phänomenbereiches „Verfassungsschutzrelevante Delegitimierung des Staates“ durch den ebenfalls von der damaligen Bundeskanzlerin Merkel ins Amt gehievten Verfassungsschutzpräsidenten Thomas Haldenwang befürchten lässt.

Ich wünsche mir ein Land, in dem Steuergelder nicht für ideologiegetriebene Projekte wie Gender-Mainstreaming, Diversitätskampagnen oder Elektromobilität verschwendet werden und in dem Sozialleistungen vorrangig den Einzahlern und einheimischen Bedürftigen zugutekommen.

Ich wünsche mir ein Land, in dem Rentner nach einem arbeitsreichen Leben keine Altersarmut durch ein marodes und ungerechtes Rentensystem fürchten müssen.

Ich wünsche mir ein Land, in dem „Einigkeit, Recht und Freiheit“ keine bloße, von den selbsternannten „Eliten“ belächelte Floskel mehr ist, die den Staat usurpiert und zum Selbstbedienungsladen auf Kosten der Allgemeinheit umfunktioniert haben.

Wahrscheinlich muss man tatsächlich an den Weihnachtsmann glauben, um angesichts der hiesigen Zustände noch auf Veränderung zu hoffen, aber was – mit Ausnahme der Emigration – wäre die Alternative? Wahrscheinlich ist dieses Land bereits verloren, zumal der wirtschaftlich und moralisch angeschlagene Parteienstaat immer aggressiver und hysterischer gegen jedwede Opposition vorgeht, aber was wäre die Welt ohne Hoffnung?

*18. Januar 2023*

# Im Irrenhaus

Ein Land versinkt im Wahn

*Ein äußererr Beobachter wäre nicht nur überrascht und erstaunt angesichts der Zustände und in diesem Land, sondern würde sich alsbald auch fragen, ob die Bewohner noch Herr ihrer Sinne sind oder soweit abgestumpft, dass sie selbst die irrwitzigsten Zumutungen schulterzuckend hinnehmen oder gar bejubeln.*

Man stelle sich vor, Jonathan Swifts Gulliver wäre im Jahr 2023 schiffbrüchig am Nordseestrand angespült worden und würde fortan das seltsame Land erkunden, in das es ihn verschlagen hat. Wie würde wohl sein Urteil über ein Gemeinwesen ausfallen, dessen Bürger Parteien und Politiker wählen, die ihnen schaden, für Zeitungen und Fernsehprogramme bezahlen, die sie tagtäglich täuschen und manipulieren, und einen Behörden- und Justizapparat finanzieren, der sie schikaniert und entrechtet?

Müsste er nicht den Eindruck haben, in einer gigantischen Irrenanstalt gelandet zu sein, in der durch eine groteske Fügung die Unwürdigsten unter den Insassen an die Macht gelangt sind? Wer anders als ein Geistesgestörter könnte zum Beispiel auf die Idee kommen, die Grenzen des Landes für Wirtschaftsflüchtlinge, Unzufriedene,

Abenteurer und Glücksritter aus aller Welt zu öffnen und den eigenen Bürgern die Kosten für deren Lebensunterhalt aufzubürden? Und wer mit Ausnahme komplett Unzurechnungsfähiger könnte Gesetze und Regelungen ersinnen, die es so gut wie unmöglich machen, selbst überführte Straftäter unter den Neuankömmlingen angemessen zu sanktionieren und auszuweisen?

Wo außerhalb besagter Irrenanstalt wäre es wohl an der Tagesordnung, dass sich indoktrinierte Wirrköpfe auf Straßen oder gar an berühmten Kunstwerken festkleben, um so die Rettung des Weltklimas zu erzwingen, das sich erfahrungsgemäß weder um die Akteure noch überhaupt um das Verhalten der hiesigen Bevölkerung insgesamt kümmert?

Wo außerhalb einer Großraumpsychiatrie könnte ein Mann in Frauenkleidern über die Frauenquote (die an sich schon ein Skandal ist, da das Geschlecht über die persönliche Eignung gesetzt wird) in ein Parlament einziehen, dessen Mehrheit sich nicht etwa über diese Scharade empört, sondern jeden ausbuht und niederschreit, der es wagt, diesen offenkundigen Tatbestand zu thematisieren?

Wer außer komplett Wahnsinnigen würde wohl angesichts einer globalen Energiekrise und weltweit steigenden Bedarfs die eigenen sicheren Atomkraftwerke abschalten und gleichzeitig den Kohleausstieg vorziehen, ohne dass dafür eine adäquate und vor allem sichere Alternative zu sehen wäre? Dazu passt das Frackingverbot für einheimische Ressourcen, während man gleichzeitig Phantasiepreise für auf gleiche Weise gewonnenes Flüssiggas aus den USA zu zahlen bereit ist, das zudem tausende Kilometer über den Ozean transportiert werden muss. Dass man zudem die böswillige Zerstörung milliardenteurer Ostseepipelines schulterzuckend in Kauf nimmt ohne ernsthaft nach den Schuldigen zu suchen, ist ein weiterer Aspekt regierungsamtlichen Irrsinns.

Wo außer in einer Irrenanstalt oder vielleicht noch einem Gefängnis würden es sich die Insassen wohl gefallen lassen, dass man ihnen unter Verweis auf einen Grippevirus das Sitzen auf Parkbänken oder den nächtlichen Ausgang verbietet und sie durch staatlichen und medialen Druck nötigt, sich einer experimentellen Impfung zu unterziehen, deren Wirksamkeit und schädliche Nebenwirkungen im Vorfeld nicht einmal ansatzweise untersucht wurden? Und nur mit Psychopharmaka ruhiggestellte Patienten würden nicht misstrauisch werden angesichts des Umstands, dass im Jahr 2022 mehr von ihnen verstorben sind als 2021, dem eigentlichen Corona-Jahr, wobei ein Zusammenhang mit den Nebenwirkungen besagter „Schutzimpfung“ durchaus naheliegt.

So wäre das größte Rätsel für den braven Gulliver wohl die Frage, weshalb sich die gesetzestreuen und arbeitsamen Bürger des Landes all diese Zumutungen von der enormen Abgabenlast, den rasant steigenden Energiekosten, der Einschränkung ihrer Bürgerrechte, der zunehmenden Verwahrlosung des öffentlichen Raumes, dem Niedergang des Bildungswesens, der Überforderung von Polizei und Justiz bis hin zur unerträglichen Indoktrination durch willfährige Medien, Auftrags-Wissenschaftler, Staatskünstler oder Kirchenfunktionäre gefallen lassen.

Die einzig plausible Erklärung kann nur sein, dass ihnen im Lauf der Jahre der kritische Verstand und der Selbsterhaltungstrieb derart ausgetrieben worden sind, dass sie nicht einmal aufbegehren, wenn ihre eigene wirtschaftliche Existenz zunehmend in Gefahr gerät und die Sicherheit und Zukunft ihrer Kinder auf dem Spiel steht. Gemäß dem jährlichen BKA-Bericht „Kriminalität im Kontext von Zuwanderung" wurden allein 2021 40.000 Deutsche Opfer von Gewaltstraftaten mit einem oder mehreren Zuwanderern (im Haltungsdeutsch „Schutzsuchenden") als Tatverdächtigen.

Gelangt eine besonders widerwärtige Straftat dann doch einmal an die mediale Öffentlichkeit (wie erst kürzlich der brutale Mord an einem Schulmädchen in Illerkirchberg), zuckt der brave Bürger bedauernd mit den Schultern und murmelt etwas von einem „Einzelfall, den man nicht verallgemeinern dürfe".

Wie lange würde es angesichts dieses Pandämoniums des Wahnsinns und der Selbstaufgabe dauern, bis sich Gulliver zurück zu den Riesen und Zwergen und vor allem den edlen Houyhnhnms sehnen würde?

Dass in Deutschland seit 2015 Straßenraub und Vergewaltigung fast wie im Mittelalter wieder zur Normalität gehören, scheint die Mehrzahl der Wähler nicht zu stören, sonst hätten sie nicht zu 75 Prozent wieder jene Parteien gewählt, die für das Desaster verantwortlich sind. Der Vergleich mit einem Irrenhaus ist also nicht nur für den vergesslichen Kanzler und sein Gruselkabinett zutreffend, auch wenn sich einige Protagonisten im letzten Jahr besonders hervorgetan haben.

Der Wettbewerb um das hirnrissigste Politiker-Statement der letzten Monate ist hart, auch wenn der als Kinderbuchautor für das Amt des Wirtschaftsministers förmlich prädestinierte Robert Habeck leicht in Führung liegt, der sich zwar vorstellen kann, „dass bestimmte Branchen aufhören zu produzieren“, aber sogleich das Publikum beruhigte: „Dann sind die nicht insolvent, aber sie hören auf zu verkaufen.“

Mithalten konnte da höchstens noch Verteidigungsministerin Christine Lambrecht mit der sachkundigen Aussage „Der Gepard ist kein Panzer Der Gepard ist ja dafür da, Infrastruktur zu schützen dadurch, dass er dann mit diesem Rohr in die Luft schießt“. Zum Jahreswechsel bedankte sie sich zudem unter Verweis auf den Ukrainekrieg für die „vielen, vielen Begegnungen mit interessanten und tollen Menschen“.

Nicht ganz so lustig, aber dafür erhellend ist

die Aussage von Bundesgesundheitsminister Karl Lauterbach: „Wir kommen jetzt in eine Phase hinein, wo der Ausnahmezustand die Normalität sein wird. Wir werden ab jetzt immer im Ausnahmezustand sein“. Der Ausnahmezustand als Normalität, das hätte auch George Orwell gefallen…

Weniger hirnrissig als unverfroren äußerte sich dagegen Bundesaußenministerin Annalena Baerbock (auch die Besetzung dieses Amtes ist eigentlich Stoff für eine Politsatire), indem sie nicht nur der Ukraine, sondern vor allem ihren atlantischen Gönnern versicherte: „…aber wenn ich dieses Versprechen an die Ukrainer gebe: ‚Wir stehen so lange an eurer Seite, wie Ihr uns braucht‘, dann möchte ich auch liefern, egal, was meine deutschen Wähler denken, …“

In diesem Zusammenhang spielt es keine Rolle, ob damit die bundesdeutschen Wähler insgesamt oder nur die ihrer Partei gemeint waren. Bundesminister müssen bei ihrer Ernennung einen Amtseid ablegen, der (noch) die Formulierung enthält: „Ich schwöre, dass ich meine Kraft dem Wohle des deutschen Volkes widmen, seinen Nutzen mehren, Schaden von ihm wenden…werde“. Von einer übergeordneten Verpflichtung des Amtsträgers gegenüber anderen Staaten ist dort nichts finden, ebenso wenig wie eine Gehorsamspflicht gegenüber dem WEF…

Die Wählerverachtung, die aus Baerbocks Worten spricht, kann man ihr allerdings kaum verübeln, denn was ist von einer Wählerschaft zu halten, die alle Zumutungen seitens der Regierenden nicht nur brav hinnimmt, sondern zudem an der Wahlurne regelmäßig dafür sorgt, dass sich der Niedergang des eigenen Landes weiter beschleunigt?

Aber genug der Beispiele für die galoppierende intellektuelle und moralische Verwahrlosung dieses Landes, die wie stets in dekadenten Gesellschaften dem physischen Untergang vorausgeht. Immerhin gibt es einige, wenn auch wenige Hoffnungszeichen. Die neue italienische Regierung hat sich zumindest vorgenommen, zukünftig die Interessen der eigenen Bürger zu vertreten und Wirtschaftsflüchtlinge zurückzuweisen (in Deutschland undenkbar) . Auch in der Schweiz und in Osteuropa gibt es positive Entwicklungen, die den Globalisten natürlich ein Dorn im Auge sind, wie die EU-Sanktionen gegen Ungarn beweisen (Dass ausgerechnet das inzwischen selbst von einem Korruptionsskandal erschütterte EU-Parlament Ungarn Korruption vorwirft, grenzt schon an Realsatire). Der steigende Einfluss alternativer Medien hierzulande könnte zusammen mit dem sinkenden Zuspruch für die Haltungspresse ebenfalls als positives Zeichen gedeutet werden, auch wenn er durch die immer unverfrorenere Zensur in den sozialen Medien teilweise konterkariert wird.

Vielleicht muss es ja tatsächlich erst noch schlimmer werden, bevor es besser wird. Die

Frage ist nur, was dann noch von Zivilisation und Aufklärung übriggeblieben sein wird…

*21. März 2023*

## Starke Hinweise auf einen Zusammenhang zwischen Impfquote und Übersterblichkeit in Europa

Die Korrelationsanalyse deutet auf einen linearen Zusammenhang

In einem Vorbeitrag lieferte ich den statistischen Nachweis, dass die Covid-19-Impfstoffe keinerlei Wirksamkeit gegenüber der Omikron-Variante des Covid-19-Virus entfalten. Der Artikel wurde meines Wissens nie inhaltlich angegriffen, obwohl es diesem Land keineswegs an passionierten „Faktencheckern“ im Auftrag der Staatsräson mangelt.

Eine signifikante Wirksamkeit der Impfstoffe gegen die Erkrankung ist also kaum gegeben, wie aber verhält es sich mit den negativen Auswirkungen? Noch im Vorjahr waren die monatlich vom statistischen Bundesamt veröffentlichten Daten zur Übersterblichkeit ein Thema, das medial allenfalls am Rande erwähnt wurde. Das änderte sich erst ein wenig, als Eurostat eine umfassende Statistik veröffentlichte, die für fast alle Länder Europas eine massiv gestiegene Übersterblichkeit im Jahresverlauf 2022 auswies.

Um Begründungen für dieses Phänomen waren die hiesigen Medien dennoch nicht verlegen. Die Hitzewelle sei daran schuld gewesen (es ist ja bekannt, dass Länder wie Island, Finnland oder

Norwegen regelmäßig massenhaft Hitzetote zu beklagen haben, während Balkanstaaten wie Rumänien oder Bulgarien seltsamerweise keine Übersterblichkeit ausweisen) oder eine Grippewelle gegen Jahresende, die angeblich massenhaft Opfer forderte. Selbst, wenn dem tatsächlich so wäre, läge dann nicht der Verdacht nahe, dass die impfbedingte Programmierung des Immunsystems auf die Abwehr des Covid-19-Virus es gegen andere Infektionen anfälliger macht? Selbstverständlich darf auch das Corona-Virus selbst nicht fehlen, dessen Omikron-Variante bekanntlich alle Vorgängervarianten an Gefährlichkeit in den Schatten stellt. Hilfsweise sind es dann eben die Langzeitfolgen des von tückischen Fledermäusen im unmittelbaren Umfeld des Wuhaner Großlabors freigesetzten Virus, die für die erwähnte Übersterblichkeit verantwortlich sind.

Einen möglichen Zusammenhang mit den nach wie vor millionenfach verabreichten mRNA-Impfstoffen wird man in bundesdeutschen Medien allerdings vergeblich suchen, getreu dem Motto aus Christian Morgensterns Gedicht „Die unmögliche Tatsache“: „Weil, so schließt er messerscharf, nicht sein kann, was nicht sein darf.“

Einzig die Schweizer „Neue Zürcher Zeitung“ stellt sich wenigstens ansatzweise dem Thema: „Bleibt die Frage, ob die Corona-Impfungen – ebenso wie das Virus – längerfristige Schwächungen oder Schäden verursachen, die dann später zum Tod führen. Es gibt ja durchaus Fälle von anhaltenden, auch schweren Impfnebenwirkungen wie Herzmuskelentzündungen oder Autoimmunerkrankungen.“, wiegelt aber danach gleich wieder ab: „Denn weder in Deutschland noch in der Schweiz oder anderen Ländern mit einem Überwachungssystem für Arzneimittel wurden bisher sehr viele Fälle von schweren Impfnebenwirkungen erfasst. Dass Tausende solcher Fälle übersehen wurden, glaubt derzeit kaum jemand.“

Das klingt zwar beruhigend, ist aber in Bezug auf Langzeitwirkungen, die auf die impfbedingte Modifizierung bzw. Schädigung des Immunsystems zurückzuführen sind, sachlich falsch. Kein Onkologe, dessen Patient an einem Rezidiv stirbt, wird dieses Ereignis auf die mRNA-Impfung zurückführen oder gar als Impfnebenwirkung melden ebenso wenig wie ein Rheumatologe, dessen Patient an einem akuten Schub seiner Grundkrankheit stirbt.

Medizinisch ist der Nachweis von Langzeitnebenwirkungen der mRNA-Impfstoffe auf Grund der Reprogrammierung des Immunsystems nur mit enormem Aufwand möglich, den keine Klinik betreiben wird, da gesellschaftspolitisch unerwünscht. Stattdessen wird von Auftragswissenschaftlern und „Faktencheckern“ gebetsmühlenartig wiederholt, dass die mRNA-Impfung keine Krebsrezidive oder Immunschübe auslösen kann. Würden sie das nicht tun, wäre ihre Karriere vermutlich auch recht schnell zu Ende…

Wenn ein medizinischer Nachweis nicht möglich ist, bleibt jedoch immer noch das Mittel der Statistik, weshalb ich die dokumentierte Übersterblichkeit in den einzelnen Ländern mit der jeweiligen Impfquote (verabreichte Dosen je Einwohner) verglichen habe.

Zur Methodik: Es wurde der Zeitraum Juli bis Dezember 2022 auf Basis der Eurostat-Daten ausgewertet. Die jeweilige Bevölkerungszahl wurde der Aufstellung des Statistischen Bundesamtes entnommen und die Anzahl der verabreichten Impfdosen dem Covid-19 Vaccine Tracker des European Centre for Disease Prevention and Control. Italien und Schweden wurden nicht berücksichtigt, da von diesen Staaten keine Übersterblichkeitsangaben für Dezember 2022 vorlagen. Die Schweiz und Liechtenstein wurden zusammengefasst, da nur eine gemeinsame Aufstellung der verabreichten Impfdosen existiert. Die im jeweiligen Land verabreichten Impfdosen, wurden durch die Bevölkerungszahl geteilt, wodurch der Parameter „Impfdosen/Einwohner" entsteht, der Werte von 0,67 (Bulgarien) bis 2,72 (Portugal) aufweist. Dieser Parameter wurde mit dem Mittelwert der Übersterblichkeit verglichen und grafisch dargestellt:

| TIME | 2022-07 | 2022-08 | 2022-09 | 2022-10 | 2022-11 | 2022-12 | 07-12 2022 | gleitender Mittelwert (zentr) | 10-12 2022 | Bevölkerung | Impfdosen | Impfdosen/ Einwohner |
|---|---|---|---|---|---|---|---|---|---|---|---|---|
| Bulgaria | 3,1 | 9,2 | 5,0 | 0,5 | -8,2 | -6,0 | 1,8 | | -2,1 | 6.839.000 | 4.614.808 | 0,67 |
| Romania | 4,0 | 10,6 | 3,6 | -4,4 | -4,8 | -5,5 | 0,6 | | -4,9 | 19.038.000 | 16.107.270 | 0,85 |
| Slovakia | 11,2 | 12,8 | 6,0 | 10,9 | 5,9 | 16,7 | 10,6 | | 11,2 | 5.435.000 | 7.320.723 | 1,33 |
| Croatia | 12,5 | 9,1 | 3,9 | 3,7 | 3,5 | 10,9 | 7,8 | | 6,0 | 3.879.000 | 5.358.528 | 1,38 |
| Slovenia | 16,3 | 13,8 | 3,8 | 6,9 | 13,6 | 25,9 | 13,4 | 6,8 | 15,5 | 2.107.000 | 3.016.047 | 1,43 |
| Poland | 6,0 | 11,8 | 12,3 | 9,1 | 2,8 | 17,8 | 9,9 | 8,4 | 9,9 | 37.654.000 | 58.085.517 | 1,54 |
| Latvia | -0,3 | 7,4 | 4,8 | 7,1 | 4,0 | 17,8 | 8,8 | 9,7 | 9,6 | 1.876.000 | 2.978.439 | 1,59 |
| Lithuania | 0,9 | 11,8 | 7,8 | 8,1 | 1,3 | 20,0 | 8,4 | 8,2 | 10,0 | 2.806.000 | 4.521.096 | 1,61 |
| Estonia | 12,6 | 12,1 | 16,5 | 8,9 | 13,5 | 22,6 | 14,4 | 10,8 | 15,0 | 1.312.000 | 2.195.671 | 1,65 |
| Hungary | 6,2 | 5,4 | 5,0 | 6,3 | 6,1 | 2,8 | 5,6 | 9,9 | 5,1 | 9.689.000 | 16.581.081 | 1,71 |
| Czechia | 4,9 | 7,8 | 11,8 | 10,3 | 6,4 | 23,2 | 10,7 | 9,2 | 13,3 | 10.517.000 | 18.810.350 | 1,77 |
| Switzerland/Liechtenstein | 22,3 | 15,3 | 8,8 | 14,8 | 12,1 | 22,9 | 16,0 | 11,0 | 16,5 | 8.836.000 | 17.096.579 | 1,93 |
| Netherlands | 15,2 | 15,8 | 12,9 | 19,1 | 12,9 | 22,7 | 16,3 | 12,8 | 18,2 | 17.591.000 | 36.106.792 | 2,05 |
| Cyprus | 31,3 | 15,7 | 14,4 | 20,0 | 27,7 | 19,2 | 21,4 | 14,0 | 22,3 | 905.000 | 1.872.244 | 2,07 |
| Luxembourg | 11,5 | 10,5 | 1,8 | 7,4 | 3,2 | 9,6 | 7,3 | 14,3 | 6,7 | 645.000 | 1.338.942 | 2,08 |
| Greece | 23,3 | 18,8 | 10,8 | 7,2 | 10,5 | 17,4 | 14,7 | 15,1 | 11,7 | 10.604.000 | 22.376.420 | 2,09 |
| Norway | 15,5 | 11,2 | 13,5 | 12,8 | 13,7 | 21,0 | 14,8 | 14,9 | 15,8 | 5.425.000 | 12.316.171 | 2,27 |
| Austria | 17,6 | 11,2 | 19,4 | 18,3 | 13,8 | 27,4 | 18,8 | 15,0 | 19,8 | 8.979.000 | 20.441.016 | 2,28 |
| Iceland | 35,8 | 11,1 | 6,5 | -1,8 | 12,3 | 43,1 | 17,8 | 14,2 | 17,8 | 376.000 | 868.854 | 2,31 |
| Germany | 16,4 | 17,8 | 16,7 | 24,0 | 15,8 | 37,3 | 21,1 | 17,5 | 25,7 | 83.237.000 | 194.300.466 | 2,33 |
| France | 19,2 | 13,4 | 8,0 | 11,3 | 8,7 | 24,9 | 13,9 | 18,8 | 16,8 | 67.843.000 | 159.995.697 | 2,36 |
| Spain | 38,8 | 19,8 | 8,7 | 8,7 | 4,9 | 8,8 | 14,7 | 18,8 | 7,7 | 47.433.000 | 112.652.273 | 2,37 |
| Malta | 27,7 | 8,0 | 17,8 | 23,5 | 16,8 | 8,7 | 17,2 | 16,9 | 16,3 | 521.000 | 1.287.271 | 2,47 |
| Finland | 12,2 | 18,6 | 18,0 | 19,6 | 22,7 | 21,1 | 19,0 | 17,1 | 21,1 | 5.548.000 | 13.779.480 | 2,48 |
| Ireland | 16,4 | 16,8 | 11,2 | 15,7 | 15,5 | 25,4 | 16,9 | 16,3 | 18,9 | 5.060.000 | 12.768.517 | 2,52 |
| Belgium | 5,5 | 10,4 | 8,3 | 10,1 | 1,8 | 18,1 | 8,9 | 15,3 | 10,1 | 11.631.000 | 29.685.472 | 2,55 |
| Denmark | 10,5 | 14,1 | 7,3 | 12,7 | 7,0 | 22,4 | 12,3 | 14,9 | 14,0 | 5.873.000 | 15.149.416 | 2,58 |
| Portugal | 20,1 | 6,4 | 11,4 | 6,8 | 12,0 | 14,6 | 14,4 | 14,3 | 12,2 | 10.351.000 | 28.142.302 | 2,72 |

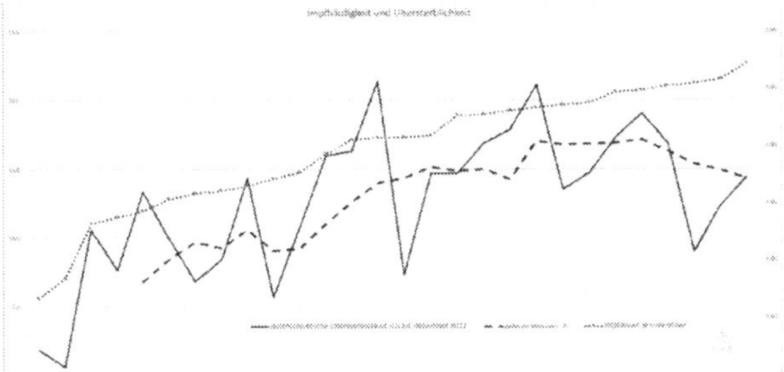

Die gepunktete Linie stellt die Impfquote (Impfdosen je Einwohner) dar, die durchgezogene die durchschnittliche Übersterblichkeit im zweiten Halbjahr 2022 und die gestrichelte den gleitenden Mittelwert der Übersterblichkeit. Auf den ersten Blick fällt auf, dass die beiden Länder mit der geringsten Übersterblichkeit (Rumänien und Bulgarien) auch die mit Abstand geringste Impfquote aufweisen. Obwohl der Trend relativ deutlich ist, beeinträchtigt jedoch die teils erhebliche

Schwankungsbreite die Übersichtlichkeit. In solchen Fällen ist die Berechnung des Korrelationskoeffizienten ein probates Mittel, um eventuell gegebene lineare Zusammenhänge zwischen den Parametern nachzuweisen. Der Korrelationskoeffizient kann Werte zwischen -1 und +1 annehmen, wobei 0 aussagt, dass keinerlei Zusammenhang besteht. Die Berechnung ist komplex, aber online möglich und ich muss zugeben, dass ich selbst auf das Ergebnis gespannt war, das eindeutiger ausfiel als erwartet.

Der lineare Korrelationskoeffizient nach Pearson liegt bei 0,7, wobei Werte ab 0,5 als „starke Korrelation" gelten. Es besteht also ein starker linearer Zusammenhang zwischen der Impfquote und der Übersterblichkeit im Betrachtungszeitraum!

Natürlich ist diese überraschend starke Korrelation noch kein gerichtsfester Beweis dafür, dass die Übersterblichkeit in Europa hauptsächlich auf die Covid-19-Schutzimpfungen zurückzuführen ist. Korrelation bedeutet nicht zwangsläufig Kausalität, aber sie ist ein starkes Indiz dafür, dass der Elefant auf dem Flur tatsächlich existiert.

In einem Land mit freier Wissenschaft würden sich nun Scharen wissensdurstiger Akademiker auf die verfügbaren Daten stürzen, man würde Krankheitshäufigkeiten, die Impfhistorie, Rezidivraten und Obduktionsergebnisse analysieren und die Ergebnisse öffentlich publizieren, ob sie nun eine Kausalität belegen oder nicht. Ergebnisoffene Forschung ist das Herz jeder ernsthaften wissenschaftlichen Arbeit, die jedoch zur Farce wird, wenn kritische Wissenschaftler ausgegrenzt, öffentlich diffamiert, zum Rückzug ihrer Publikationen gezwungen und sogar juristisch verfolgt werden, wie das im „Wertewesten" nicht nur im Umfeld der Covid-19-Debatte inzwischen zur Regel geworden ist.

Und deshalb wird wie in ähnlich gelagerten Fällen (z. B. der inzwischen erfolgten Auswertung der sogenannten „Pfizer-Files", die katastrophale Nebenwirkungen des Impfstoffs nachweist) gar nichts passieren, denn das Eingeständnis, dass die vielgepriesenen Covid-19-Impfstoffe mehr Schaden anrichten als Nutzen bringen, würde die politisch und medial Verantwortlichen aus dem Amt fegen. Also darf im Namen der Staatsräson und der Profite multinationaler Pharmakonzerne weiter geimpft und gestorben werden…

*20. April 2023*

## Polizeiliche Kriminalstatistik 2022: Der Elefant auf dem Flur

### Die massiv gestiegene Ausländerkriminalität ist für Politik und Medien kein Thema

Am 30. März dieses Jahres wurde die aktuelle Polizeiliche Kriminalstatistik 2022 mit einer entsprechenden Pressemitteilung vorgestellt. Darin wird zwar die deutlich um 11,5 Prozent gegenüber 2021 gestiegene Zahl der Straftaten erwähnt, aber mit keinem Wort auf die Entwicklung der Tatverdächtigenzahlen eingegangen.

Stattdessen versuchte Holger Münch, Präsident des BKA, den dramatischen Anstieg unter Verweis auf die Corona-Maßnahmen in den Vorjahren zu relativieren und ignorierte dabei, dass es auch gegenüber 2019 einen Anstieg von 3,5 Prozent gab und sprach in diesem Zusammenhang sogar von einem „vergleichbaren Niveau".

Bundesinnenministerin Nancy Faeser beklagte die sexualisierte Gewalt gegen Kinder und Gewalt gegen Frauen, „vergaß" aber zu erwähnen, dass gerade bei den „Straftaten gegen die sexuelle Selbstbestimmung" auch 2022 überproportional viele Ausländer (offiziell „Nichtdeutsche") als Tatverdächtige registriert wurden mit einem Anstieg von immerhin 19,72 Prozent gegenüber 2021! Bei den deutschen Tatverdächtigen betrug der Anstieg dagegen 5,15 Prozent. Wenn man eine Tatsache vorsichtshalber nicht erwähnt, hat das den Vorteil, dass man auch nicht über die Ursachen debattieren muss, die nicht selten in den gesellschaftlichen Verhältnissen und dem Frauenbild in den Herkunftsländern der Tatverdächtigen zu suchen sind.

Die überproportionalen Steigerungsraten ausländischer Tatverdächtiger ziehen sich durch die gesamte Kriminalitätsstatistik, was sich auch in der Gesamtbetrachtung niederschlägt. Die Zahl der deutschen Tatverdächtigen stieg von 1.252.876 (2021) auf 1.309.906 um 4,55 Prozent, während die der nichtdeutschen Tatverdächtigen innerhalb eines Jahres von 639.127 (2021) auf 783.876 stieg; das sind immerhin 22,65 Prozent!

Dieser dramatische Anstieg um 144.749 Tatverdächtige hat zu einem eher geringen Teil mit der massiven Flüchtlingswelle aus der Ukraine zu tun (+13.011), wobei zu erwarten war, dass sich unter Hunderttausende Kriegsflüchtlinge auch Kriminelle mischen. Weniger nachvollziehbar sind die Steigerungen bei Tatverdächtigen aus Syrien (+40,1%!), Afghanistan (34,6%) oder dem Irak (31,9%). Hier scheint ein nicht geringer Prozentsatz (offiziell) Schutzsuchender Probleme mit der Einhaltung der hiesigen Gesetze zu haben.

Aber auch relativ neue Problemzonen tun sich auf. So stieg die Anzahl indischer Tatverdächtiger innerhalb eines Jahres um immerhin 59 Prozent von 4.400 auf 7.000. Auffällig hoch sind die

Steigerungsraten auch bei Nordmazedonien (+29,6%), und Weißrussland (+40,1%).

Traditionell auffällig sind die Maghreb-Staaten (Tunesien +58,1%!, Algerien +27,6% und Marokko +21,9%), deren Einstufung als sichere Herkunftsländer die Grünen bereits mehrfach verhindert haben, um den Nachschub von Kriminellen nach Deutschland nicht abreißen zu lassen. Gleiches gilt für Georgien, wo es zwar keine politische oder ethnische Verfolgung gibt, dafür aber jede Menge reiselustiger Vertreter der organisierten Kriminalität. Entsprechend stieg die Zahl der Tatverdächtigen innerhalb nur eines Jahres von 9.600 auf 17.400 um satte 80,8%! Hier kann man getrost von einem Skandal sprechen, denn der Tatbestand ist seit Jahren bekannt, ohne dass signifikante Maßnahmen zur Eindämmung der kriminellen Selbstverwirklichung dieser Klientel ergriffen wurden.

Für die Tagesschau sind derlei Aspekte natürlich kein Thema, ebenso wenig für das ZDF, das zudem zur Vorsicht beim Umgang mit den vorliegenden Zahlen mahnt und behauptet, es sei vorwiegend die Anzeigenbereitschaft gestiegen. Auch beim Spiegel und der „Zeit“ beschäftigt man sich besser nicht mit dem heiklen Sachverhalt, sondern hält sich lieber an Palmströms Motto „Nicht sein kann, was nicht sein darf“. Das SPD-nahe Redaktionsnetzwerk Deutschland (RND) käut ebenfalls nur die offiziellen Verlautbarungen wieder, beruhigt sein Publikum aber bereits in der Überschrift mit Innenministerin Faesers Einlassung, Deutschland sei ein „sicheres Land“. Wenigstens der Focus gibt den unerwünschten Tatsachen in einem kurzen Abschnitt die Ehre und findet sogar heraus, dass die Zahl tatverdächtiger Asylbewerber binnen Jahresfrist um mehr als ein Drittel gestiegen ist. Wenn das mal keinen Ärger mit dem Bundeskanzleramt gibt…

Bei diesem politmedialen Umgang mit den alarmierenden Zahlen kann man jedoch getrost davon ausgehen, dass 90 Prozent der Medienkonsumenten das Thema mit einem schulterzuckenden „Ach, das ist bestimmt wegen Corona“ abhaken und keinerlei Zusammenhang mit der desaströsen Zuwanderungspolitik der Bundesregierung erkennen. Und falls die Oma dennoch bei der nächsten Messerattacke im Städtchen murmelt „Wieder so ein Ausländer, so etwas hätte es früher nicht gegeben“, dürfte sie von ihrem grünenwählenden Nachwuchs rasch zum Schweigen gebracht werden. Schließlich ist Deutschland ja ein sicheres und weltoffenes Land. Und meistens trifft es ja glücklicherweise die anderen…

*4. Mai 2023*

## Der Wahnwitz der bundesdeutschen Energie- und Klimapolitik

Der Rest der Welt schaut verblüfft zu, wie Deutschland Wirtschaft und Wohlstand ruiniert

Am 15. April dieses Jahres wurde mit der Abschaltung der letzten drei Kernkraftwerke das Aus für die friedliche Nutzung der Kernenergie in Deutschland besiegelt. Die bundesdeutschen Kernkraftwerke produzierten im Zeitraum von 2000 bis 2019 durchschnittlich 120.185 GWh jährlich. Durch die ideologisch motivierten Abschaltungen des größten Teils dieser Kraftwerke Ende 2019 sank die jährliche Stromerzeugung auf etwa die Hälfte (60.000 GWh) und die Abschaltungen Ende 2021 reduzierten die produzierte Strommenge weiter auf 32.000 GWh im Jahr 2022. Ab Mai 2022 wird keinerlei „Atomstrom" (auch so eine ideologisierte Floskel) mehr in Deutschland erzeugt.

Die Leistung einer modernen Windkraftanlage beträgt zwischen 4 und 7 Gigawattstunden jährlich. Um also – wie politisch erwünscht – die nunmehr fehlende Leistung durch „erneuerbare" Windkraftenergie zu ersetzen, wären theoretisch 21.800 zusätzliche Windkraftanlagen notwendig bei drastisch verringerter Versorgungssicherheit (Stichwort „Dunkelflaute") wohlgemerkt. Tatsächlich neu installiert wurden in den Jahren 2019 bis 2021 jedoch nur Anlagen mit einer Nennleistung von 4.400 MW. Bei etwa 2.000 Volllaststunden im Jahr entspricht das einer zusätzlichen Leistung von gerade einmal 8.800 GWh, also gerade einmal 7,3 Prozent des durch die AKW-Abschaltungen verursachten Energiedefizites!

Auch wenn in dieser Zeit der Stromverbrauch in Deutschland geringfügig abnahm, rechnet das Umweltbundesamt mittelfristig mit einer signifikanten Erhöhung (Elektromobilität, Wärmepumpen).

Was bedeutet der bundesdeutsche Alleingang beim Verzicht auf Kernenergie nicht nur in Bezug auf die Versorgungssicherheit, sondern auch im Hinblick auf den angeblich „menschengemachten Klimawandel“ (eine weitere volkspädagogische Floskel zur Erzeugung schlechten Gewissens)?

Bereits die Abschaltungen Ende 2020 führten 2021 erstmalig seit vielen Jahren zu einer Erhöhung der CO2-Emissionen der Stromerzeugung. Das ist leicht zu erklären, denn natürlich muss die durch die Abschaltung der Kernkraftwerke fehlende Strommenge ersetzt werden, was – wie oben gezeigt – nur zu einem geringen Teil durch den Ausbau erneuerbarer Energien möglich ist. Also werden Gas- und nunmehr (nach dem Wegfall der russischen Gaslieferungen) verstärkt wieder Kohlekraftwerke benötigt mit entsprechend höheren CO2-Emissionen. Dieser Trend wird sich in 2023 massiv fortsetzen, das heißt, der ideologisch motivierte Verzicht auf Kernkraftwerke führt zu einer massiven Erhöhung des Ausstoßes der angeblich für den Klimawandel verantwortlichen Treibhausgase.

Natürlich folgt so gut wie niemand europa- und weltweit dem bundesdeutschen Sonderweg, der neben den Folgen für die CO2-Emissionenund die Umwelt insgesamt mit zu den weltweit höchsten Energiepreisen führt (nur Dänemark liegt geringfügig höher). In Frankreich zum Beispiel bezahlen Stromkunden nur knapp die Hälfte, in den USA sogar nur ein Drittel, ganz zu schweigen von Russland und China, wo die Kilowattstunde nur wenige Cents kostet. Das belastet nicht nur die privaten Haushalte, sondern auch und vor allem die Wirtschaft, wo nicht nur energieintensive Betriebe entweder ins Ausland abwandern oder gar Insolvenz anmelden müssen.

So erhöhte sich 2022 die Zahl der Insolvenzen von Großunternehmen gegenüber 2021 um 30 Prozent und der Umsatz der insolventen Firmen von 7,7 auf 11,3 Milliarden Euro. Schlagzeilen machten u. a. die Insolvenzen der MV-Werften, der Modekette Orsay, des Schuhhändlers Görtz, des Toilettenpapierherstellers Hakle und der Galeria Kaufhof. Da sich Energiekosten auch auf die Endverbraucherpreise (z. B. der Lebensmittel) niederschlagen, sind sie zudem hauptverantwortlich als Treiber der Inflation.

Und wie sieht es mit der Versorgungssicherheit aus? Nach den Analysen der Windkraftexperten von VGB Powertech tragen die Windkraftanlagen in Europa „praktisch nicht“ zur Versorgungssicherheit bei Zitat: „Die Jahresminimalleistungen (Stundenwerte) erreichen trotz europaweit verteilter Windparkstandorte rechnerisch 4 bis 5% der in den betrachteten 18 europäischen Ländern insgesamt installierten Nennleistung. Windenergie trägt damit praktisch nicht zur Versorgungssicherheit bei und erfordert planbare Backup-Systeme nach heutigem Stand der Technik von fast 100 % der Nennleistung des ‚europäischen Windparks…‘“ Im Klartext bedeutet das, dass trotz Tausender millionenteurer Windkraftanlagen kein Kraftwerk dauerhaft abgeschaltet werden kann!

Bereits im Frühjahr 2021, also lange vor der Verschärfung der Situation durch den russischen Einmarsch in die Ukraine, schrieb der Bundesrechnungshof in einem Sonderbericht unter anderem: „Die Annahmen des BMWi für die Bewertung der Dimension Versorgungssicherheit am Strommarkt sind zum Teil unrealistisch oder durch aktuelle politische und wirtschaftliche Entwicklungen überholt. Das BMWi geht von teils zu optimistischen und teils unplausiblen Annahmen zur Sicherheit der Stromversorgung aus.“ Und weiter: Es bestehe die Gefahr, „dass die Energiewende in dieser Form den Wirtschaftsstandort Deutschland gefährdet, die finanzielle Tragkraft der letztverbrauchenden Unternehmen und Privathaushalte überfordert und damit letztlich die gesellschaftliche Akzeptanz aufs Spiel setzt".

Nur hat die gesellschaftliche Akzeptanz Ideologen noch nie interessiert. Das belegen die ebenso abenteuerlichen und bürgerfeindlichen Pläne (oder vielmehr Diktate) zur staatlich verordneten Heizungsumstellung des grün geführten Wirtschaftsministeriums auf das Nachhaltigste. Nicht nur bei der Opposition stößt das geplante Gesetz auf Widerstand. Auch Experten kritisieren die Entwürfe des Ministeriums stark. „Der Habeck-Plan zerstört die Altersvorsorge vieler Menschen", warnt der Kai Warnecke, Präsident des Verbands Haus & Grund gegenüber Bild.de. Die meisten Eigenheimbesitzer hätten jahrelang ihr gesamtes Vermögen in die Immobilie investiert und nun kein Geld, um Habecks Pläne umzusetzen, mahnt er gegenüber der Zeitung. „Viele Menschen wären schlimmstenfalls gezwungen, ihr Haus zu verkaufen." Andere Wirtschaftsexperten monieren, dass weder die benötigten Fachkräfte zur Installation noch die finanziellen Mittel für die Umstellung vorhanden sind.

Doch abgesehen vom fachlichen Dilettantismus im Detail ist auch zu hinterfragen, welche Auswirkungen die restriktiven und milliardenteuren bundesdeutschen Maßnahmen tatsächlich auf das globale Klima haben. Die Antwort ist ebenso eindeutig wie ernüchternd: So gut wie keine. Die

$CO_2$-Emissionen der Heizungen privater Haushalte betrugen laut Umweltbundesamt 2021 90 Millionen Tonnen. Insgesamt lag der $CO_2$-Ausstoß Deutschlands bei 660 Millionen Tonnen. Das waren 2021 1,76 Prozent des globalen Aufkommens, Tendenz sinkend. Dagegen steigen die $CO_2$-Emissionen von Ländern wie China, Indien, Brasilien oder Türkei weiterhin kontinuierlich.

Allein China, das heute schon mehr Treibhausgase ausstößt als alle entwickelten Länder zusammen, darf laut dem viel gelobten Pariser Abkommen seine Emissionen noch bis 2030 weiter steigern mit dem unverbindlichen Nachsatz „Absenkung eher, wenn möglich" und konterkariert damit sämtliche milliardenteuren Maßnahmen von kleineren Emittenten wie Deutschland. Selbst wenn Deutschland mit Milliardenaufwand (der Bürger) die Emission von Treibhausgasen bis 2030 um ein paar Dutzend Megatonnen auf die geplanten 562 senkt, ist dies angesichts der chinesischen und globalen Erhöhungen klimatechnisch wirkungslos: Die tagtäglich politmedial verbreitete These, die Bundesbürger müssten sich nur entsprechend einschränken, dann könnten die globalen Klimaziele erreicht werden, ist wahrheitswidriger und demagogischer Unfug. In Wirklichkeit hat das bundesdeutsche Heizungs- und Konsumverhalten keinerlei messbaren Einfluss auf das globale Klima. Dass die hierzulande massiv geschürte Klimawandelhysterie in der Hauptsache auf inzwischen schon mehrfach korrigierten Computermodellen und fragwürdigen Studien beruht, sei nur am Rande angemerkt.

Die vollkommen irrationale Abkehr von der Kernenergie, die von europäischen Nachbarländern auch zukünftig weiter ausgebaut (Frankreich) oder sogar erstmalig genutzt wird (Polen), ist jedoch nur die Spitze eines Eisbergs aus ideologischer Borniertheit, wirtschaftlicher Inkompetenz und moralisierender Selbstüberhöhung der politischen Klasse in Deutschland, der insbesondere durch die Regierungsbeteiligung der Grünen zum Sargnagel für Wirtschaft und Wohlstand wird. Wenn es nachts ganz still ist, kann man von fern das Gelächter nicht nur aus Peking hören…

*17. Mai 2023*

## Ukraine-Konflikt: Unabhängige Sichtweisen unerwünscht

Wenn Argumente fehlen, hilft immer noch der NS-Vergleich

Es gehört mittlerweile zur üblichen Vorgehensweise hiesiger Qualitätsmedien, dem Publikum unerwünschte Meinungsäußerungen nicht etwa im vollständigen Original zu präsentieren, sondern nur noch in Form abwertender Kommentare mit aus dem Zusammenhang gerissenen Zitaten.

Ein derartiger medialer Bannstrahl traf erst dieser Tage den renommierten Soziologen Wolfgang Streek (sofern man einen alten weißen Mann heutzutage überhaupt noch als „renommiert" bezeichnen darf). Der hatte es gewagt, in einer hierzulande kaum bekannten politikwissenschaftlichen Zeitschrift namens „New Left Review" seine Sicht auf den Ukraine-Konflikt und die mehr oder weniger im Hintergrund agierenden Akteure darzulegen.

Da nicht wenige Sentenzen des Aufsatzes den hierzulande gebetsmühlenartig verbreiteten Narrativen über den Konflikt widersprachen, war sich selbst die einst seriöse „F.A.Z." nicht zu schade, dem Abweichler die Leviten zu lesen und ihm sogar zu unterstellen, er vergleiche die die „Abwehr des russischen Angriffs mit dem Krieg Hitlers".

Autor des Kommentars ist ein gewisser Patrick Bahners, der vor einigen Jahren mit dem Sachbuch „Die Panikmacher“ von sich reden machte, das die Schriftstellerin Monika Maron als ein Pamphlet bezeichnete, „das die westlichen Werte gering schätzt, die Freiheit der Frauen verachtet und zugleich zeigt, wie wenig der Stubenpublizist über die Wirklichkeit weiß.“

Was hatte Wolfgang Streek nun geschrieben, das Herrn Bahners so überaus empörte? Hatte er etwa den russischen Einmarsch in die Ukraine gerechtfertigt oder den USA vorgeworfen, den Konflikt angeheizt oder gar initiiert zu haben? Nichts dergleichen findet sich in dem Artikel, sondern nur einige geopolitische Betrachtungen und sarkastische Anmerkungen zu Tatbeständen, die längst die Spatzen von den Dächern pfeifen.

So unterstellt er wohl nicht zu Unrecht, dass die von der New York Times und ihren bundesdeutschen Hilfsmedien in die Welt gesetzte Räuberpistole von sechs Männern auf einer gemieteten Yacht, die angeblich die Nordstream-Anschläge verübt hätten, vorrangig der Ablenkung von Seymour Hershs weitaus wahrscheinlicheren Enthüllungen über eine US-Urheberschaft dienen sollte. Und natürlich fragt er sich, welche Zielrichtung eine so offenkundig lächerliche Geschichte noch gehabt haben könnte.

Im Weiteren stellt er einen Zusammenhang zwischen den jüngst vorwiegend jenseits des Atlantiks veröffentlichten Meldungen über Korruptionsfälle in der Ukraine und einer gewissen Zahlungsmüdigkeit in beiden politischen Lagern der USA her, auch wegen begründeter Zweifel an den ukrainischen Erfolgsaussichten. Zitat: „...dass das Vertrauen des US-Militärs in die Fähigkeit der Ukraine, eine erfolgreiche Gegenoffensive im Frühjahr zu starten, geschweige denn den Krieg zu gewinnen, wie es die Regierung ihren Bürgern und internationalen Geldgebern versprochen hatte, auf einem absoluten Tiefpunkt angelangt war."

Derartiges offen auszusprechen gilt hierzulande als verpönt, wähnt man sich doch endlich einmal auf der Siegerseite im Kampf gegen das Böse aus dem Osten, wenn es schon die letzten beiden Male nicht so recht geklappt hat.

Dass die Ukraine für die USA ein zwar willkommener, aber dennoch nicht entscheidender Nebenkriegsschauplatz im Vergleich mit der sich abzeichnenden Konfrontation mit China ist, dürfte ebenfalls keine neue Erkenntnis sein ebenso wie die Vermutung, dass weder die USA noch Frankreich ein Interesse daran haben, Russland soweit zu demütigen, dass China sich zum Eingreifen (zum Beispiel durch Waffenlieferungen) genötigt sieht.

Auch die These, dass sich China lieber in einer neutralen Position sieht (zusammen mit Staaten wie Brasilien oder Südafrika) als als direkter Kontrahent der Vereinigten Staaten mit dem Risiko eines nicht gewinnbaren Krieges, dürfte nicht nur Experten einleuchten. Die chinesischen Friedensbemühungen und das jüngste Telefonat von Xi mit Selinskyj weisen eindeutig in diese Richtung.

Deutschlands Rolle in diesem geopolitischen Spiel ist ebenfalls plausibel dargestellt. Zitat: „In Zusammenarbeit mit den baltischen Staaten und Polen ist es den Vereinigten Staaten in den letzten Monaten gelungen, Deutschland in so etwas wie eine europäische Führungsposition zu drängen, unter der Bedingung, dass es die Verantwortung für die Organisation und vor allem die Finanzierung des europäischen Kriegsbeitrags übernimmt." Das ist längst keine These mehr, sondern eine offenkundige Tatsache. Auch Streeks Schlussfolgerung ist naheliegend: „Während die Vereinigten Staaten den Krieg europäisieren, wird es an Deutschland liegen, nicht nur die westliche Unterstützung für die Ukraine zu organisieren, sondern auch der ukrainischen Regierung klarzumachen, dass diese Unterstützung am Ende nicht ausreichen wird, um den Sieg zu erringen, den die ukrainischen Nationalisten für die ukrainische Nation fordern."

Was Bahners als Vertreter des politmedialen Establishments jedoch besonders in die Nase fährt, ist Streeks unverblümte Einschätzung des hierzulande sattsam bekannten Lautsprechers Andriy Melnyk als einen „Vertreter des klassisch-faschistischen Bandera-Elements" wie auch der Regierung in Kiew: „Es zeigt auch die Verzweiflung der regierenden ukrainischen Clique über die Aussichten des Krieges und ihre Bereitschaft, bis zum bitteren Ende zu kämpfen, getrieben von der radikal-nationalistischen Überzeugung, dass echte Nationen auf dem Schlachtfeld wachsen, getränkt mit dem Blut ihrer Besten." Aus dieser skeptischen, aber keineswegs aus der Luft gegriffenen Beurteilung der Akteure einen Vergleich der „Abwehr des russischen Angriffs mit dem Krieg Hitlers" zu konstruieren, hat nichts mehr mit Journalismus zu tun, sondern ist reinste Demagogie.

Erstens ist der ukrainische Nationalismus ebenso eine unbestreitbare Tatsache wie der Umstand, dass die Mehrzahl der ultranationalistischen Milizen wie Asow, Dnipro oder Ajdar mittlerweile Teil der ukrainischen Armee oder Nationalgarde ist. Zudem sehen selbst hiesige Medien die Verehrung von Stepan Bandera durch führende ukrainische Politiker wie eben Herrn Melnyk als problematisch an. Diese nationalistischen Tendenzen im Auge zu behalten, ist jedoch noch lange kein Vergleich mit NS-Deutschland, auch wenn Steeck sarkastisch anmerkt, dass nach US-Einschätzung ein ukrainischer Endsieg nicht unmittelbar zu erwarten sei. Es dürfte eher ein Seitenhieb auf hiesige Medien sein, deren „Frontberichterstattung" gelegentlich fatale Erinnerungen weckt.

Ganz sicher stört sich Herr Bahners auch an Streeks skeptischer Einschätzung der grün dominierten deutschen Außenpolitik zum Beispiel im Hinblick auf die zunehmende Entfremdung zum Partner Frankreich. Zitat: „Sein (Macrons) Problem ist, dass Deutschland nun endgültig vom Rad abgestiegen ist. Unter grüner Führung träumt es zusammen mit Polen und vor allem den baltischen Staaten davon, Putin an den Internationalen Strafgerichtshof in Den Haag auszuliefern, wofür ukrainisch-deutsche Panzer in Moskau einfahren müssen, so wie einst sowjetische Panzer in Berlin." Die aus meiner Sicht durchaus treffende Beschreibung von Außenministerin Barbock als „Amerikas Wanderbotschafterin" dürfte ebenfalls kaum Gefallen gefunden haben.

Ein sachlich fundiertes Argument gegen die Streeks Thesen habe ich in Bahners' Kommentar nicht gefunden. Dafür müsste man sich zweifellos auch intensiver mit der Materie auseinandersetzen als in den hiesigen Qualitätsmedien mittlerweile üblich.

Leider ist der Beitrag inzwischen hinter der Bezahlschranke verschwunden, so dass sich die meisten Leser kein (durchaus ernüchterndes) Bild von den Lesereaktionen machen können. In den Kommentaren findet sich nach meinem Eindruck kaum ein eigener Gedanke, nur stereotypes Nachplappern offizieller Narrative: Selenskyj gut, Putin böse, Streek ein alter Mann und Wichtigtuer, obendrein sogar noch links und damit ohnehin verdächtig. Niemand scheint den Originalartikel gelesen zu haben (inzwischen gibt es auch eine deutsche Übersetzung, die die F.A.Z. zu erwähnen „vergaß") oder versucht, auch nur ansatzweise auf den Inhalt einzugehen. Der intellektuelle Verfall der Medien geht offensichtlich mit dem der verbliebenen Leserschaft einher. Falls die Kommentare die Mehrheitsmeinung hierzulande wiedergeben, wundere ich mich nicht mehr über die deutschen Katastrophen des 20. Jahrhunderts…

*27. Juni 2023*

## Thüringen: Dem Wähler keine Chance

Gefährdet ein AfD-Landrat oder die Thüringer Landesregierung die Demokratie?

Nachdem die Wähler im Landkreis Sonneberg die Unverfrorenheit besessen haben, ein Mitglied der Schwefelpartei mit absoluter Mehrheit zum Landrat zu wählen, stehen die Republik und vor allem der von einer linken Minderheitsregierung gelenkte Freistaat Thüringen Kopf. Anders als im Fall Kemmerich blieb diesmal eine direkte Einmischung des Kanzleramtes aus und Herr Lindner von der FDP hatte auch keinen Parteifreund vor Ort, dem er in den Rücken fallen könnte. Also beschränkten sich die einschlägig Verdächtigen von Lauterbach bis Böhmermann zunächst darauf, Gift und Galle zu spucken und die unbotmäßigen Wähler wahlweise als undankbare Trottel, Rassisten, Demokratiefeinde und natürlich Nazis zu beschimpfen.

Doch dann hatte man in Erfurt, wo man ohnehin ein äußerst flexibles Verhältnis zu den rechtsstaatlichen Relikten der alten Bundesrepublik pflegt (wie zum Beispiel der Gewaltenteilung und der richterlichen Unabhängigkeit) die zündende Idee. Das Landesverwaltungsamt soll es jetzt richten und dem gewählten AfD-Mann nach Möglichkeit die Amtseignung auf Grund fehlender persönlicher Grundgesetz- und Verfassungstreue entziehen. Über letztere ist zwar nichts bekannt, aber da der Thüringer AfD vom Thüringer Verfassungsschutz „gesichert rechtsextreme“ Bestrebungen unterstellt werden, muss das natürlich auf den bislang unbescholtenen Herr Sesselmann zutreffen. Juristisch ist ein solcher Schritt der Überprüfung zwar möglich, aber mehr als ungewöhnlich, zumal alle Kandidaten vor der Wahl vom örtlichen Wahlausschuss überprüft werden müssen. Das ist auch in Sonneberg so geschehen und offensichtlich gab es keinerlei Beanstandungen.

Im politmedialen Raum reibt man sich schon in Vorfreude die Hände, denn irgendwie muss es doch zu schaffen sein, den renitenten ostdeutschen Wählern ein Schnippchen zu schlagen. Bekanntlich wissen die demokratiefeindlichen Ossis ohnehin nicht, was sie tun, und brauchen jemanden, der sie vor sich selbst schützt. Angesichts dieses Klimas ist es dem CDU-Kreisverband Sonneberg hoch anzurechnen, dass er sich auf seiner Facebookseite öffentlich von diesen Machenschaften distanzierte: „Auch wenn wir uns ein anderes Ergebnis gewünscht hätten, war es eine demokratische Wahl, dessen Ergebnis wir akzeptieren müssen. Jeder Kandidat für ein politisches Amt wird bei Einreichung seiner Unterlagen auf die Wählbarkeit überprüft, dies ist auch in Sonneberg geschehen. Deswegen jetzt im Nachhinein Zweifel geltend zu machen, würde der Demokratie schaden und den ohnehin hohen Frust in der Bevölkerung erhöhen. Wir haben dafür kein Verständnis."

Die Thüringer Landesregierung wird das jedoch nicht aufhalten, zumal der Präsident des beauftragten Landesverwaltungsamtes der Regierung noch einen (oder mehrere) Gefallen schuldet. 1990 war das ehemalige SED-Mitglied zum Neuen Forum und dann zu SPD gewechselt. Schließlich wurde Frank Roßner, nachdem er bei der Landtagswahl 2014 als Direktkandidat der SPD gescheitert war, ohne vorherige Ausschreibung zum Präsidenten ernannt, was sogar den Thüringer Landesrechnungshof auf den Plan rief.

Der unkonventionelle Umgang mit Rechtsvorschriften hat bei der rot-rot-grünen Thüringer Landesregierung allerdings Tradition, die schon 2015 einen gewissen Stephan Kramer zum Verfassungsschutzpräsidenten ernannten, obwohl er die gesetzlich erforderliche volljuristische Ausbildung nicht einmal ansatzweise besaß. Dafür ist der umtriebige Multifunktionär, der nach der CDU und der FDP nun die SPD mit seiner Mitgliedschaft bereichert, jedoch Mitglied des Stiftungsrates in der linkslastigen Antonio-Amadeu-Stiftung, die bis 2022 von einer ehemaligen Stasizuträgerin geleitet wurde (!). Dass besagte Stiftung nicht nur einen linksextremen Brandstifter auf Honorarbasis beschäftigte, sondern auch ein gewisse Julia Schramm, die die Bombenopfer von Dresden mit dem launigen Tweet „Sauerkraut, Kartoffelbrei – Bomber Harris, Feuer frei" verhöhnte, zeigt klar deren ideologische Ausrichtung, wirft aber auch ein bezeichnendes Licht auf die offensichtlich fehlende politische Unabhängigkeit des Thüringer Verfassungsschutzpräsidenten. Aus Sicht der SED-Nachfolgepartei ist dergleichen natürlich kein Problem, sondern eine Empfehlung, wenn alte und neue Tschekisten Seite an Seite den Klassenfeind bekämpfen.

In diesem Zusammenhang drängt sich natürlich die Frage auf, inwieweit die Einstufung der AfD im Verfassungsschutzbericht 2021 als „gesichert rechtsextrem" tatsächlich auf Fakten und nicht auf den Wünschen und Vorgaben von Herrn Kramer und seinen Auftraggebern beruht. Je nach Auftrag hat eine ermittelnde Behörde durchaus einen gewissen Spielraum bei der Bewertung von Sachverhalten, zum Beispiel indem entlastendes Material entweder berücksichtigt oder ignoriert wird. Die öffentlichen Äußerungen von Herrn Kramer (siehe Zitat weiter unten) sprechen nach meinem Eindruck für letztgenannte Vermutung. Nach Medienberichten plant die AfD deshalb eine Klage gegen besagte Einstufung, deren Erfolgsaussichten zumindest im Freistaat selbst wohl eher gering sein dürften.

Sogar die AfD-ferne „Neue Zürcher Zeitung" bezweifelt die Unabhängigkeit der an der Aktion beteiligten Personen und Behörden: „Wie neutral und frei von parteipolitischen Motiven agieren diese drei Herren? Die Frage drängt sich auf, zumal der Verfassungsschutzpräsident aus seinen Gefühlen nicht nur der AfD, sondern auch deren Wählern gegenüber kein Hehl macht: «Wir sind bei ungefähr 20 Prozent braunem Bodensatz in der Bundesrepublik», sagte er nach der Wahl von Sonneberg."

Und auch dem Fazit ist kaum etwas hinzuzufügen: „Schaut man sich den Stand der öffentlichen Auseinandersetzung in Deutschland an – von Tiervergleichen und wüsten Beschimpfungen bis hin zu Boykottaufrufen gegen den Kreis Sonneberg seitens führender Mitarbeiter des öffentlich-rechtlichen Rundfunks –, dann wird sich die AfD noch über weitere Geschenke von vielen nützlichen Idioten freuen können."

Allerdings würde ich noch einen Schritt weitergehen: In einem funktionierenden Rechtsstaat mit freien Medien und unabhängiger Justiz wären Verhältnisse wie in Thüringen und ein Verfassungsschutzpräsident wie Stephan Kramer, dessen obige Äußerung durchaus nicht die erste verbale Entgleisung war, undenkbar. Da wird ein rechtmäßig gewählter Ministerpräsident aus dem Amt gemobbt, werden Behördenämter entgegen den Vergaberegeln nach Gesinnung und Parteibuch besetzt und kritische Richter mit Hausdurchsuchungen schikaniert. Und nun versucht man erneut, mit Winkelzügen das Ergebnis einer demokratischen Wahl ungültig zu machen. Ja, Thüringen hat wie das ganze Land ein Demokratieproblem, aber das hat nichts mit der Landratswahl in Sonneberg oder dem siegreichen Kandidaten zu tun…

## Tagebuch des Wahnsinns

29. Oktober 2021, Abendzeitung München: **Aussprache nach Lach-Vorwurf: Georgine Kellermann dankt Münchner Polizei.** Nachdem Münchner Polizeibeamte sich über die bekannte Journalistin lustig gemacht haben sollen, hat sich Georgine Kellermann mit der Polizei ausgesprochen… Kellermann wurde als Mann geboren, hat sich 2019 als Transgender-Person geoutet und ist seit 2020 laut eigener Aussage personenstandsrechtlich als Frau registriert.

20. Februar 2022, Cicero: **Tessa oder Markus Ganserer - Der Abgeordnete ist ein Mann.** Die Aufregung über die Rede der AfD-Abgeordneten Beatrix von Storch zu Markus Ganserer lässt am Realitätssinn, aber nicht an der Frauenfeindlichkeit der Ampelkoalition zweifeln … Und Biologen haben klare Kriterien, nach denen sie sowohl Pilze von Pflanzen als auch Männer von Frauen unterscheiden können. Umgekehrt bleiben Ganserer und die Ampel jedes Kriterium dafür schuldig, ihn als Frau zu zählen. Es ist nicht nur so, dass sie keine biologische Definition bieten. Sie haben überhaupt keine, nicht einmal eine ideologische. Sie stellen eine bloße Behauptung auf und quittieren rationalen Widerspruch mit Vorwürfen der „Menschenfeindlichkeit“ und „Transphobie“.

5. August 2022, n-tv: **Ohne Bewährung: Ärztin wegen falscher Masken-Atteste zu Haftstrafe verurteilt.** Wegen der Ausstellung von Hunderten falschen Masken-Attesten ist eine Ärztin aus Oberbayern zu einer zweijährigen Gefängnisstrafe verurteilt worden. Aufgrund der mangelnden Schuldeinsicht der Angeklagten sei die Strafe nicht zur Bewährung ausgesetzt worden, erläuterte Amtsgerichts-Direktorin Christine Schäfer am Freitag.

28. August 2022, BR: **München: Klimaaktivisten kleben sich an Rubens-Gemälde fest.** Klimaaktivisten haben sich in der Alten Pinakothek am Rahmen eines Rubens-Gemäldes festgeklebt. Die Polizei sprach am Sonntag von einem Millionenschaden. Nicht die erste Klebeaktion - und es gab noch eine Aktion: in der Allianz-Arena am Samstag.

14. Oktober 2022, BILD: **Die Terror-Oma mit dem Kartoffelsack**. Karlsruhe – Leicht gebeugt, aber ohne fremde Hilfe steigt die ältere Dame mit dem schlohweißen Haar aus dem Hubschrauber, umklammert mit der rechten Hand eine Papiertüte, in der sonst Kartoffeln getragen werden. Elisabeth R. ist 75 Jahre alt und laut Generalbundesanwalt Chefin einer Terrorbande, die den Umsturz in Deutschland plante! Eines der ersten Ziele: Bundesgesundheitsminister Karl Lauterbach (59).

14. Dezember 2022, RND: **Korruptionsskandal im EU-Parlament: Nach Durchsuchungen: Belgische Ermittler veröffentlichen Foto mit Koffern voller Bargeld.** Die belgischen Ermittlerinnen und Ermittler haben nach dem Bekanntwerden des Korruptionsskandals im EU-Parlament um mutmaßliche Einflussnahme aus dem Golfemirat Katar ein eindrucksvolles Foto veröffentlicht. Es zeigt die mehr als 1,5 Millionen Euro an Bargeld, die sie sichergestellt haben – unter anderem in einem großen Koffer... Die belgischen Medien „Le Soir“ und „Knack“ hatten am Dienstag berichtet, dass die Ermittelnden bei Eva Kaili, bisherige Vizepräsidentin des EU-Parlaments, und Antonio Panzeri diese Summe in bar gefunden hätten. Kaili ist eine von sechs Verdächtigen, die in dem Korruptionsskandal seit Freitag von den belgischen Behörden festgenommen worden sind.

18. Januar 2023, Focus: **Vergewaltiger von Illerkirchberg verschwunden - und niemand kümmert sich.** Der 30-jährige Afghane, der 2019 in Illerkirchberg ein 14-jähriges Mädchen in einem Flüchtlingsheim vergewaltigte, ist untergetaucht. Doch wer jetzt für die Suche nach dem Mann zuständig ist und wo nach ihm gesucht wird, scheint unklar zu sein.

4. März 2023, Focus: **Bewährung für Syrer nach Vergewaltigung - Richter argumentiert**

**mit Schmerzensgeld.** Im Juli 2022 vergewaltigt ein betrunkener Syrer eine 15-Jährige in Osnabrück. An diesem Freitag fiel das Urteil: Bewährung. Die Begründung des Gerichts: Der Mann sei auf dem Weg ein normaler Mitbürger zu werden und das Mädchen bekäme so wenigstens Schmerzensgeld.

9. März 2023, Berliner Zeitung: **Regierungszahlungen an ÖRR-Journalisten: Das ist die Liste der Honorare.** Vor allem Journalisten von ARD und ZDF haben üppige Vergütungen von der Regierung erhalten. Auch der Geheimdienst steckt mit drin: Jetzt ist die Katze aus dem Sack. 200 Journalisten haben in den vergangenen fünf Jahren für die Bundesregierung gearbeitet und dabei ordentlich kassiert. Das geht aus einer Liste hervor, die der Berliner Zeitung vorliegt. Darin werden Honorare abgebildet, die der Staat an Journalisten zahlte. Welch große „Überraschung“, dass vor allem öffentlich-rechtliche Medien gemeinsame Sache mit der Regierung machen. Der Großteil der brisanten Honorare ging an die Rundfunksender ARD und ZDF. Dabei sollen sie doch frei von Bundes- und Landesregierungen berichten.

30. April 2023, Focus: **Sterilisiert, um CO2 zu sparen - dafür gibt's jetzt Steak und Kurzstreckenflüge.** Das traurige Geständnis einer Klima-Aktivistin, sich aufgrund des Klimawandels steri-

lisiert haben zu lassen, schlägt hohe Wellen. Sie ist nicht die Einzige in Deutschland, die diesen drastischen Schritt ging … Auch wenn der Name etwas anderes suggeriert, Männer sind gleichermaßen Teil der „Gebärstrike-Bewegung“. So wie Marc Fehn, der sich 2020 für eine Vasektomie entschied. „Ich glaube, dass der Planet bereits überbevölkert ist und nicht noch mehr Menschen braucht“, so der 35-Jährige in der „Zeit“. Es störe ihn nicht, wenn er ab und an ein Stück Fleisch essen oder einen Kurzstreckenflug nehmen würde. Schließlich spare er viel mehr CO2, indem er keine Kinder bekäme.

30. Mai 2023, Focus: **Nur noch 10 Gramm Fleisch pro Tag! Neue Richtlinie für Deutsche.** 10 Gramm Fleisch pro Tag: Das soll die neue Höchstgrenze sein, wenn es nach der Deutschen Gesellschaft für Ernährung (DGE) geht. Der „Bild“-Zeitung liegen die Auszüge aus einem internen Dokument zum Thema neue Lebensmittel-Strategie vor. Bei den Angaben handelt es sich zwar nur um Empfehlungen, doch werden diese an verschiedenen Stellen auch konkret umgesetzt.

31. Mai 2023, Focus: **Jugendliche verprügeln junge Mutter nach Randale im Freibad.** Eine Gruppe von Jugendlichen sorgte in einem Freibad im Kreis Kaiserslautern für Randale. Als eine junge Mutter die Teenager zurechtwies, passten die Jugendlichen die Frau ab und schlugen auf sie

ein. Ihre Kinder mussten alles mit ansehen.
*Anmerkung: Wie stets in derartigen Fällen verschweigen die Medien den Hintergrund der mutmaßlichen Täter. Noch vor historisch kurzer Zeit waren Freibäder hierzulande Orte unbeschwerter Erholung und keine Gefahrenzonen.*

5. Juni 2023, Merkur: **Nach Doppelmord in Ludwigshafen: Landgericht spricht Täter (26) frei.** Der Angeklagte Liban M. (26), der am 18. Oktober 2022 in Ludwigshafen-Oggersheim (RLP) zwei Männer (20/35) mit einem langen Messer erstochen und einen 27-Jährigen lebensgefährlich verletzt hat, ist aufgrund einer akuten paranoiden Schizophrenie zur Tatzeit nicht schuldfähig – und muss deshalb nicht ins Gefängnis.

6. Juni 2023, BILD: **Richter lässt Deutschlands schlimmsten Autohasser laufen**. In der Nacht zu Freitag erwischten Fahnder Deutschlands schlimmsten Autohasser auf frischer Tat – Firas A. (31) soll neun Autoscheiben mit einem Hammer eingeschlagen. Doch das ist nur die Spitze des Eisbergs. Die Ermittler gehen davon aus, dass 245 Scheiben auf sein Konto gehen. Aber: Der Richter ließ ihn nach der Festnahme einfach laufen.

7. Juni 2023, Welt: **Frau in Köln wegen Billigung des russischen Angriffskriegs verurteilt.**

Das Amtsgericht Köln hat eine Ukrainerin zu einer Strafe von 900 Euro verurteilt, weil sie Russlands Krieg gegen die Ukraine befürwortet hat. Das Gericht hält ihre Aussagen von einer Demo für geeignet, den öffentlichen Frieden zu stören … In einem Fernseh-Interview, das in der Verhandlung in Augenschein genommen wurde, hatte die Frau gesagt: „Russland ist kein Aggressor.“ Zudem hatte sie behauptet, das Vorgehen Russlands sei „alternativlos“. Das Gericht war überzeugt, dass die Äußerungen der Frau geeignet seien, „den öffentlichen Frieden zu stören“. *Anmerkung: Dieses offenkundig politisch motivierte Urteil offenbart die Anmaßung und moralische Hybris der bundesdeutschen Justiz, die eine simple Meinungsäußerung zu einer Straftat hochstilisiert und ohne stichhaltige Belege eine „Störung des öffentlichen Friedens“ behauptet. Einer Ukrainerin, die vermutlich besser über die Hintergründe des Konflikts informiert ist als das Gericht, für ihre Meinungsäußerung zu bestrafen, macht letztlich auch die grundgesetzlich garantierte Meinungsfreiheit zur Makulatur.*

3. Juli 2023, Business Insider: **„Der Beginn der Deindustrialisierung“.** Noch nie haben Unternehmen so viel Geld aus Deutschland abgezogen wie im vergangenen Jahr, zeigt eine neue Studie des Instituts der deutschen Wirtschaft (IW). „Die Zahlen alarmieren: Im schlimmsten Fall ist das der Beginn der Deindustrialisierung“, kommen-

tiert das arbeitgebernahe Institut. Im vergangenen Jahr seien rund 132 Milliarden US-Dollar (125 Milliarden Euro) mehr Direktinvestitionen aus Deutschland abgeflossen, als aus dem Ausland in Deutschland investiert wurden. Der Saldo beschreibt also die Differenz zwischen Investitionen deutscher Unternehmen im Ausland und ausländischer Unternehmen in Deutschland. 125 Milliarden Euro stellten „die höchsten Netto-Abflüsse dar, die jemals in Deutschland verzeichnet wurden“, teilte das IW mit.

6. Juli 2023, Stuttgarter Zeitung: **Blog von Reichelt darf Stuttgarter Transfrau nicht als Mann bezeichnen.** Ein vom ehemaligen „Bild“-Chefredakteur Julian Reichelt verantworteter Blog darf die Stuttgarter Journalistin und Aktivistin Janka Kluge einer Gerichtsentscheidung zufolge nicht als „biologischen Mann“ oder „Mann“ bezeichnen. Die Bezeichnung sei in ihrem Gesamtkontext bewusst verunglimpfend und persönlichkeitsrechtsverletzend, teilte das Landgericht Frankfurt am Main am Donnerstag mit. Es wies damit Reichelts Widerspruch gegen eine einstweilige Verfügung ab. In dem Blog war im Februar ein Artikel veröffentlicht worden, in dem Kluge zunächst als „Transfrau“, später aber als „biologischer Mann“ und „über 60-jähriger Mann“ bezeichnet wurde.
*Anmerkung: Nicht einmal George Orwell wäre auf die Idee gekommen, dass es eines Tages bei*

*Strafe verboten sein könnte, eine biologische Tatsache öffentlich zu benennen. Die bundesdeutsche Justiz bedient nicht nur in vorauseilendem Gehorsam den woken Zeitgeist, sie verhöhnt mit derartigen Urteilen auch den gesunden Menschenverstand.*

# Wie Deutschland ruiniert wird

Wer ernsthaft gehofft hatte, das Ende der Langzeitkanzlerschaft Angela Merkels böte eine Chance auf Besinnung und einen Politikwechsel im Sinne von mehr Rationalität oder gar Bürgernähe, dürfte inzwischen gründlich eines Besseren oder vielmehr Schlechteren belehrt sein.

Die desaströse Politik der rot-grün-gelben Regierungskoalition führt im Gegenteil dazu, dass sich der Niedergang unseres Landes noch weiter beschleunigt. Konnte sich die Mehrheit der Bürger insbesondere in Deutschland West über Jahrzehnte in der Gewissheit sonnen, dass eine florierende Wirtschaft für Wohlstand und Prosperität sorgt, sind diese glücklichen Zeiten nunmehr vorbei. Immer mehr Firmen bauen massiv Stellen ab oder verlegen ihren Standort in Länder mit geringerer Steuerlast, niedrigeren Energiepreisen und weniger Bürokratie, darunter solche Schwergewichte wie BASF oder Linde. Auch die Zahl der Insolvenzen nimmt inzwischen dramatische Ausmaße an.

Ein treffliches Beispiel für die ideologische Verblendung der Protagonisten ist die Energiepolitik. Es ist durch entsprechende Studien belegt, dass die von den Grünen favorisierten Windkraftanlagen bei Flaute selbst bei europaweiter Vernetzung nur fünf Prozent ihrer Nennleistung liefern und folglich durch konventionelle oder Atom-Kraftwerke gepuffert werden müssen.

In den meisten anderen europäischen Ländern hat man das bemerkt und treibt aus Klima- und Effektivitätsgründen inzwischen sogar mit dem Segen der EU-Kommission (nicht, dass das eine Empfehlung wäre) den Ausbau von Atomkraftwerken voran. Während Länder wie Polen sogar neu in die friedliche Nutzung der Atomkraft einsteigen, wurden in Deutschland dagegen zum Jahreswechsel drei voll funktionsfähige und sichere AKWs vom Netz genommen, was inzwischen zu ersten Blackouts wie in Berlin geführt hat.

Rational denkende Politiker, gut, ich gestehe, das ist in Deutschland ein Pleonasmus wie der sprichwörtliche „weiße Schimmel", würden auch ohne Sachverständigenhilfe erkennen, dass ein Industrieland wie Deutschland nicht mit erneuerbaren Energiequellen allein versorgt werden kann. Man braucht Gas- und/oder Atomkraftwerke, um die Kohleverstromung zu beenden und die Windkraftanlagen zu puffern.

Nicht so die Grünen und die SPD, deren Funktionäre längst vergessen haben, dass sie einst die Partei der Arbeiter und sozial Schwachen war. Sie lehnen den Weiterbetrieb von Atomkraftwerken weiter kategorisch ab und bejubeln mehr oder weniger offen die gewaltsame Zerstörung der Nordstream-Gasleitungen (was angesichts der Hörigkeit ihren atlantischen Stichwortgebern gegenüber allerdings kaum verwundert), deren Betrieb die Gasversorgung Deutschland und Europas unabhängig von Krisenstaaten wie der Ukraine hätte machen können.

Stattdessen wird teures Flüssiggas aus den USA importiert (was aus deren Sichte eine durchaus erwünschte Nebenwirkung des Anschlags auf die Nordstream-Pipelines darstellt, der nach Recherchen des Pulitzer-Preisträgers Seymour Hersh von der Biden-Administration selbst in Auftrag gegeben und genehmigt wurde), umweltschädliche Kohlekraftwerke werden reaktiviert und Atomstrom teuer in Frankreich und anderswo eingekauft.

Man kann und will die Realitäten nicht sehen, sofern sie nicht ins eigene ideologische Weltbild passen, und ruiniert stattdessen lieber die Umwelt, die man doch angeblich schützen will, und schröpft die Bürger, die wie die Industrie unter den zweithöchsten Strompreisen der Welt und ebenso exorbitanten Gaspreisen leiden.

Die Folgen sind schon heute kaum zu übersehen: Energieintensive Unternehmen (und nicht nur die) wandern ins Ausland ab oder stellen die Produktion ganz ein, was ja laut Wirtschaftsminister Habeck keine Insolvenz darstellt, da sie ja nur aufhören zu produzieren.

Kleinunternehmen und Handwerksbetriebe müssen als Folge der ebenso verantwortungslosen wie realitätsfernen Energiepolitik der Ampelkoalition gleich reihenweise aufgeben und so stirbt das, was Deutschland einst zu einer führenden und vom Ausland bewunderten Wirtschaftsnation gemacht hat: Eigeninitiative, Fleiß und Erfindungsgeist.

Aber das stört die Abwracker nicht, denn so schlecht es dem Land und seiner Wirtschaft auch gehen mag, ihr eigenes Schäflein und das ihrer Günstlinge haben sie längst ins Trockene gebracht, wie die skandalöse Vetternwirtschaft im Wirtschaftsministerium schlaglichtartig aufgezeigt hat.

Der Skandal um den inzwischen mit weiterlaufenden Bezügen entlassenen Staatssekretär Graichen ist jedoch nur die Spitze eines Eisbergs, denn letztlich ist das gesamte politische System der Bundesrepublik im Grunde auf Günstlingswirtschaft aufgebaut. Diese umfasst nicht nur die direkte und indirekte Finanzierung willfähriger Medien, wobei insbesondere im öffentlich-rechtlichen Bereich teilweise astronomische Gehälter gezahlt werden, was um so zynischer anmutet, da der Gebührenzahler unter Androhung von Haftstrafen gezwungen wird, diesen Propagandaapparat des Parteienstaats zu finanzieren.

Nein, die Krakenarme der Günstlingswirtschaft reichen bis tief in den Bildungs- Kultur- und Wissenschaftsbetrieb, wo Tausende von Politologen, Sozialwissenschaftlern, Extremismus- und Diversitätsforschern und sonstigen Auftragsgelehrten dafür bezahlt werden, das Lied des Parteienstaats zu singen, natürlich aus Steuergeldern finanziert ebenso wie die wie Pilze aus dem Boden schießenden Gender-Lehrstühle, deren gesamtgesellschaftlicher Nutzen wie der der oben genannten Klientel gegen null geht.

Wie weiland an den Höfen verschwendungssüchtiger Potentaten beschäftigt man ganze Heerscharen von Schmeichlern, Zuträgern und Hofnarren, die sich zu einem nicht geringen Anteil aus dem Umfeld des neuen Adels rekrutieren. Wozu braucht man auch Wertschöpfung, solange man selbst und die eigene Klientel dauerhaft gut versorgt ist?

Diese fatale Entwicklung ist allerdings nicht nur menschlichen Unzulänglichkeiten geschuldet, sondern auch die Folge einer jahrzehntelangen Negativauslese in der Politik, wie sie Dr. Markus Krall in einer TV-Sendung anschaulich auf den Punkt brachte: „Sie brauchen in der Politik keine Ausbildung zu haben, Sie müssen nichts können, sie müssen auch nichts durchdringen und können trotzdem vier- bis fünfmal so viel verdienen wie der Durchschnittsbürger. Die Politik zieht die an, die in der Politik besser verdienen würden als draußen … Wir kombinieren das jetzt mal: Sie dürfen nicht besonders schlau sein, sie dürfen auch kein besonderes Rückgrat haben (wegen des Listensystems der Parteien, FWH). … Die Mehrheit der Inkompetenten baut jetzt die Wagenburg der Inkompetenz, denn wenn Sie kompetent sind in der Politik, dann werden Sie von denen für eine Gefahr gehalten, zurecht, und werden ausgesperrt.“

Wer sich die Vitae der heutigen Protagonisten

in führenden politischen Ämtern von Annalena Baerbock über Ricarda Lang, Robert Habeck bis Kevin Kühnert anschaut, kann nicht anders, als Dr. Krall rechtzugeben. Und diese Leute, die nichts wissen und nichts können, entscheiden heute nicht nur über Ihre Heizung und die Wärmedämmung Ihres Hauses, lieber Leser, nein, sie sorge auch dafür, dass weiter Hunderttausende Zuwanderer aus aufklärungsfernen Ländern unter Missbrauch des Asylrechts ins Land kommen dürfen und dort die Sozialsysteme und nicht selten auch die Kriminalitätsstatistiken belasten (allein 2002 stieg die Zahl der ausländischen Tatverdächtigen um 22 Prozent gegenüber dem Vorjahr). Und schlimmer noch, letztlich entscheiden sie sogar über Krieg und Frieden oder gefährden zumindest die äußere Sicherheit unseres Landes, indem sie Willy Brandts Aussöhnungspolitik in die Tonne treten und bei Waffenlieferungen und Kriegsrhetorik eine rote Linie nach der anderen überschreiten!

Und da die wenigen etablierten Politiker, die sich tatsächlich noch Sorgen über den Zustand des Gemeinwesens machen wie die Linke Sara Wagenknecht oder der Grüne Boris Palmer, wie oben beschrieben aus der Wagenburg gemobbt werden, ist auch keine Änderung zum Besseren in Sicht.

Zwar steht die AfD inzwischen in den Meinungsumfragen bei über 20 Prozent, aber sobald sie zu einer ernsthaften Bedrohung für die Wagenburg wird, hat man in Geheimdiensten und Justiz bereits die nötigen Voraussetzungen für ein Parteienverbot geschaffen, das die gelenkten Medien zweifellos bejubeln werden.

Die Abwracker machen wie weiland das Politbüro der verblichenen DDR immer weiter, bis der Schaden endgültig nicht mehr zu beheben ist. Und dieser Tag ist näher als viele denken…

„Blindensturz“, Edition Lacerta 2019
ISBN 978-1097169511, 138 S., PB, 7,90 EUR

„Heimsuchung“, Edition Lacerta 2020
ISBN 979-8623767288, 138 S., PB, 7,90 EUR

„Irrenhaus D.“, Edition Lacerta 2021
ISBN 979-8745154997, 138 S., PB, 7,90 EUR

„Im Blindflug", Edition Lacerta 2022
ISBN 979-8442755787, 138 S., PB, 7,90 EUR

Printed in Poland
by Amazon Fulfillment
Poland Sp. z o.o., Wrocław

26787464R00079